エコハウス超入門

THE BASICS OF ECO-HOUSE DESIGN

84の法則ですぐ分かる

松尾和也 著

新建新聞社

CONTENTS
目次

はじめに

　私が高断熱住宅に目覚めたきっかけは、高校1年生のときに設計者である父親が設計した住宅に暮らすようになったことです。その住宅はそれまで住んでいた県営住宅よりもはるかに暑く、寒かったのです。

　見た目はとても美しいのに、とにかく夏は暑く、逆に冬は寒くてたまらない。高校生ながらに「これが本当の豊かさなのだろうか？」と疑問に感じました。そんなときにある新聞広告に目が止まりました。OMソーラーの一面広告でした。「これこそ理想の住宅に違いない」と直感しました。そして、大学でも熱環境の研究室を選択し、OMソーラーに関する研究を行って卒業論文としてまとめました。

　大学卒業後、私は住宅メーカーに就職しました。入社直後に作文を発表する機会があり、「これからの住宅は高断熱化しなければならない」と訴えました。しかし、私の主張は会社にはまったく聞き入れてもらえませんでした。

■ 日本の住宅の断熱性能が低いわけ

　それから約20年が経ち、世の中は大きく変わりました。最近では「高断熱の話をしてほしい」といろいろな方面から依頼を受けます。住宅メーカーに就職したころとは隔世の感があります。とはいえ、まだまだ日本の住宅の断熱性能は欧米の先進国に比べると大幅に低く、技術的にも遅れをとっています。既存住宅はもちろん、新築住宅においてもそれは同じです。

　その理由は大きく2つあります。1つはもともと日本では空間全体を暖める「暖房」の考え方がなく、人がいるところだけを暖める「採暖」の文化であったことです。その代表的な機器がこたつです。室温は低くても、暖かさを直接感じることで寒さをしのいでいたのです。

松尾設計室の近作。健康で快適に暮らすことができ、維持費が掛からない住まいを提供

　もう1つの理由は日本のビジネスマン、特に住宅業界には「住宅は寝るための場所」と考えている人が多かったことです。就寝時以外は住宅にいないのですから、暖かさや涼しさの必要性を感じるわけがありません。

　この2つが重なった結果、日本全国に夏は暑くて冬は寒く、維持費が高くついて耐久性は低い住宅ばかりがあふれる結果となってしまいました。

● 高断熱化は生き残りの必須条件

　昨今の世の中の風潮に乗って高断熱化を進めることは悪いことではありませんが、心の底からその必要性を感じた上で高断熱化に取り組むほうが、技術的な進化も早く、建て主に対しても何倍も説得力があります。

　折しも新型コロナウイルスが流行した影響で、戦後はじめて、大多数の日本人が長時間を家で過ごすという体験をしました。これをきっかけに、暖かさや涼しさを含め、住宅の居心地のよさを追求する傾向が強まってくるでしょう。

　その流れを加速するためには、本来は国が断熱性能の表示を義務付けるべきでした。実際2019年にそのような法改正が行われるはずでしたが、直前になって国の方針が変わり、この話は泡のごとく消えてしまいました。

こうなってしまった以上、実務者がみずからの意思で断熱性能を高めていくしかありません。そして、断熱性能の高い住宅をつくれる技術力の高い会社でなければ生き残れないという状況をつくっていく必要があると考えています。

　そんな考えから、私はメディアや建材メーカーなどを通じ、業界に対して高断熱化の啓蒙活動を10年以上行ってきました。それでもいまだに高断熱化に取り組もうとしない住宅会社は少なくありません。これ以上、業界に対して啓蒙活動を行っても、こうした住宅会社は動かないと感じています。

　では、これ以上の高断熱化を推進するにはどうすればよいか。建て主が高い性能を担保できる住宅会社しか選ばないという状況をつくるしかないと考えました。そうなれば、高い断熱性能を担保できない住宅会社は自然と淘汰されます。

　そこで、一般の方に向けてYouTubeチャンネルで情報発信を始めることにしました。きちんとした性能を担保できる住宅会社を選択するための指針を分かりやすく説明することを心がけて配信しています。2020年7月3日現在で2万4000人がチャンネル登録をしてくれました。

住宅業界の実務者向けに講演する筆者。
全国から依頼があり、飛び回っている

　私のYouTubeチャンネル以外にも、最近はインターネット上に正確な情報が増えてきており、建て主がそれらにアクセスしやすくなりました。

　これまで住宅業界では「〇〇工法だから暖かい」といった信憑性に乏しい性能競争が続けられてきましたが、高い断熱性能を担保できない会社は生き残れない状況になってきています。

　2020年は日本の住宅の高断熱化を進める上で大きな転換期だと思います。次の10年に向けて、これまでよりさらに早いスピードで高断熱化が進むことを期待しています。本書がその一助となれば幸いです。

松尾和也

第 **1** 章

どんな住まいや 室内環境を目指すべきか

健康で快適な暮らしを実現するためには、
温度や湿度を適切に保つことが大切です。
理想的な温湿度環境とそれを実現するための
考え方や手法を解説します。

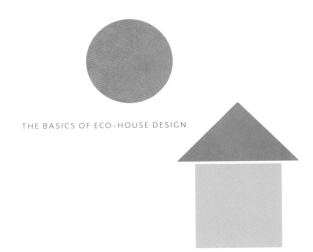

THE BASICS OF ECO-HOUSE DESIGN

METHOD 01 「頑丈でシックハウスにならない 普通の家」がベースになる

Point 1 まずは「頑丈でシックハウスにならない 何の変哲もない家」が求められる

<<←

Point 2 上記の達成のために台風や雨漏り、地震、 火事、温熱環境、騒音対策を満たす

>>>

Point 3 設計者には工学的知識(エンジニアリング)が 欠かせない

<<←

アメリカの著名な心理学者のアブラハム・マズローが唱えた「欲求段階説」によると、人間の欲求には、1生理的欲求、2安全の欲求、3親和の欲求、4自我の欲求、5自己実現の欲求、の5段階があり、下位の欲求を満たすとより上位の欲求を満たしたくなるのだという(図)。

この説を住宅にあてはめてみると、1生理的欲求:生活費で精いっぱいで家に費用をかけられない状態、2安全の欲求:地震で壊れない健康を担保できる家、3親和の欲求:家族の仲をとりもち、近隣との関係を悪化させずに町並みに調和させた家、4自我の欲求・5自己実現の欲求:自分が好きなデザインや自慢したくなるような家、がそれ

ぞれ該当する。

　大多数の建て主は１〜５のすべてを満たす金銭的な余裕がないため、下位の欲求から満たしていくことになる。当然、「構造的には弱いがデザインはすばらしい家」ではなく、「頑丈でシックハウスにならない何の変哲もない家」をまずは求めることになる。

　実際には構造や雨漏りなどのトラブルを抱え、２の安全の欲求すら満たせない住宅が少なくない。安全の欲求を満たすには台風や雨漏り、地震、火事、温熱環境、騒音などに対してまんべんなく対策する必要があり、それには設計者に工学的知識（エンジニアリング）が必須となる。十分なエンジニアリングの技能を備えた住宅設計者はそれほど多くないのが現状だ

[図] マズローの欲求段階説

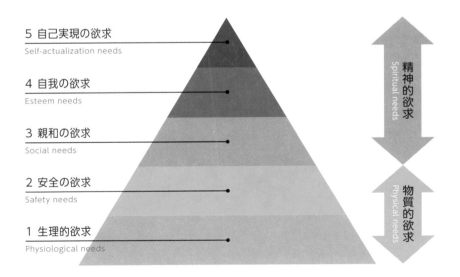

5 自己実現の欲求
Self-actualization needs

4 自我の欲求
Esteem needs

3 親和の欲求
Social needs

2 安全の欲求
Safety needs

1 生理的欲求
Physiological needs

精神的欲求
Spiritual needs

物質的欲求
Physical needs

02

冬に暖かく、夏に涼しい家を
つくるには計算が欠かせない

Point
1
暖かく涼しい、省エネルギーな家をつくるには
暖冷房負荷などの計算が必須

<<←

Point
2
計算結果が実際に近い結果となっているか
引き渡し後の温度測定や体感で検証する

>>>

Point
3
計算なしでつくられた住宅は暑く、寒く、
不快で健康を害し、エネルギーを大量に使う

<<←

エンジニアリングの分野を見たときに、構造の分野では建築基準法に最低基準が示されており、計算が義務付けられている（ただし、1・2階建ての木造住宅の場合は簡易な壁量計算）。

一方、断熱や省エネルギーの分野を見ると、ビルや施設建築では法による規制があり、設備設計者によって計算がなされているが、住宅には法的な規制がなく、計算も義務ではない。多くの住宅は勘頼みで暖冷房負荷などの計算をまったく行わない。そうしてつくられた住宅は暑く、寒く、不快で健康を害し、エネルギーを大量に使う。法律の不備と設計者の勉強不足から大きな弊害が生じている。

日本は地震大国であり、ここ30年間で2度の大震災を経験し、木造

以外の耐震性能に関しては世界一の水準であることが確認できた。反面、断熱性能は世界的に見て低水準だ。その根底には「構造で人は死んでも断熱では人は死なない」という認識がある。実際には逆だ。純粋に構造が原因で亡くなった方は2度の大震災でも1万人はいないはずだ。一方、断熱不足による死者は推定で年間1万9000人もいる（**図1**）。

　では、冬に暖かくて夏に涼しい、省エネルギーな家をつくるには何が必要か。それは暖冷房負荷などを計算（シミュレーション）して確認することだ。工業製品と異なり、住宅は一品受注生産で試作やテストができないので計算は重要だ。

　計算が結果に結びついているかを検証することも大切だ。設計者は引き渡し後に建物を訪れて温熱環境を体感し、温度測定をする。この経験を繰り返すことで計算が生きた感覚として体に染み込んでくる。

　今までの慣習を変え、計算して客観的に性能を明らかにする動機付けとして、次頁に「省エネ×健康マップ」を掲載した（**図2**）。自社の建物が住宅市場のどのあたりに位置するのか計算してみてほしい。

[**図1**] **冬季死亡増加率の都道府県別比較（死因内訳）**　厚生労働省：人口動態統計（2014年）都道府県別・死因別・月別からグラフ化

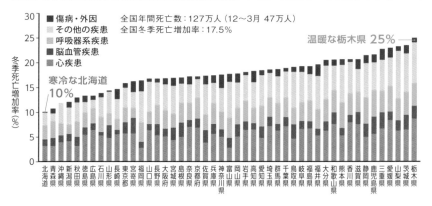

[図2] 省エネ × 健康マップ

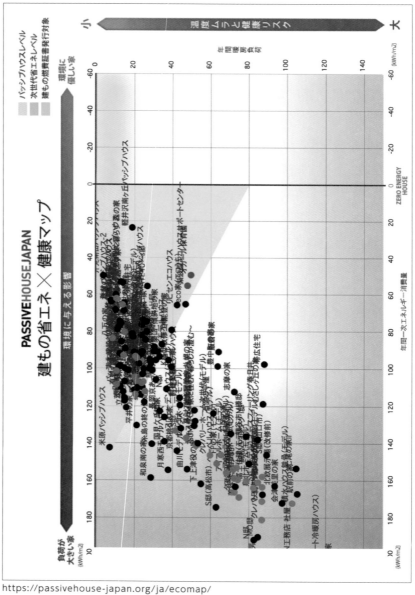

注　(一社)パッシブハウス・ジャパンのホームページの上記アドレスに掲載。誌面では拡大表示などができないため、
　　詳細はそちらにアクセスして確認のこと

16

METHOD

○3

「普通の家」の温熱環境は 劣悪で光熱費が高すぎる

Point

①

費用が嵩むので全室エアコンは諦め、 各部屋に安価で低効率な暖房器具を設置

<<←

Point

②

全館暖房より寒いにもかかわらず エアコンによる全館暖房以上の冷暖房費が掛かる

>>→

Point

③

断熱・気密、冷暖房計画をうまくやれば エアコンは5台から2台に減らせる

<<←

　　　　般的な住宅における暖房器具や暖房費はどういう状況にあるの
　　　　か。次世代省エネルギー基準の断熱性能の住宅を例に、暖房費
を検証してみる。

　延べ床面積120㎡で暖房負荷80kWh/㎡・年(旧Ⅳ地域、暖房設定
温度20℃)の住宅の場合、1棟当たりの暖房負荷は9600kWh/棟・年。
エアコン暖房で実効COP※が3、電気1kWが27円とすると、年間の暖
房費用は9600/3×27＝8万6400円となる。効率のよいエアコンでこ
の結果なので、ガスファンヒーターであればガス代は30万円を超える。
これだけ光熱費が掛かる建物では、当然、全館暖房は行わない。

　一般的な住宅では、初期費用の面から全室にエアコンは付けられな

※ エアコンやエコキュートのエネルギー消費効率の指標。消費エネルギーに対する冷暖房能力の比率

いため、各部屋には安価で低効率な暖房器具が設置される。結果として、全館暖房より寒い環境にもかかわらず、エアコンによる全館暖房以上の光熱費が掛かるようになる。

　こうした住宅が量産されているのは、感覚に頼った設計が一般的だからだ。この悪循環から抜け出すには、「冬の一番寒い時期の温度、相対湿度、絶対湿度、暖房費用」「夏の一番暑い時期の温度、相対湿度、絶対湿度、冷房費用」を明確に設定してシミュレーションを行うことだ。その結果、窓を高断熱化すれば、今まで各室に必要だったエアコンが2台で済むと分かるため、設計内容が変わってくる。容量的に2台で済ませるのは難しくないが、ムラなく隅々まで行き渡らせるのは特に冷房においては難しい（**表1・2**）。

[表1] 暖房負荷低減は経済的①

暖房負荷	エアコン必要台数	エアコンイニシャルコスト	エアコン平均寿命	住宅ローン平均返済期間	追加購入回数（30年）	追加購入費用	新築時からのエアコン代
40kWh/㎡	2台	30万円	13年	平均30年	2回	60万円	90万円
80kWh/㎡ （次世代省エネルギー基準相当）	5台以上	75万円				150万円	225万円

★ 30年の機器代だけで135万円の差

[表2] 暖房負荷低減は経済的②

暖冷房負荷	全館暖房費用(1年)	全館冷房費用(1年)	全館冷暖房費用(1年)	30年の合計冷暖房費用
暖房:40kWh/㎡年 冷房:23kWh/㎡年 （松尾設計室最低水準）	43,200円	12,420円	55,620円	1,668,600円
暖房:80kWh/㎡年 冷房:30kWh/㎡年 （次世代省エネルギー基準相当）	86,400円	32,400円	118,800円	3,564,000円

★ 30年の冷暖房の光熱費だけで189万5400円の差
★ イニシャルとランニングの合計で約325万円の差

注　120m²、6地域、エアコン冷暖房:冷房実効COP3（松尾設計室のみ冷房実効COPは6）、電気1kWh 27円として試算

床暖房のコストを
窓と無垢フローリングに回す

Point
1
窓の性能が悪いと窓近くの空気が冷やされて
下方に移動し、床に冷たい空気が溜まる

‹‹‹

Point
2
低気密住宅で暖房をすると暖かい空気が上から抜け、
下から冷気を吸い込み床が冷える

›››

Point
3
複合フローリングの表面は樹脂で覆われており、
無垢フローリングより冷たく感じる

‹‹‹

　　日本の住宅では、床の冷たさを補うために床暖房がよく設置される。導入費用は40万〜70万円程度だ。実際には床が冷たくなる原因を取り除けば床暖房は不要になる。

　床が冷たくなる原因の1つが断熱性能の悪い窓だ。窓の断熱性能が悪いと、窓に近づくにつれて冷輻射を強く感じる（**図1**）。同時に**図2**のような空気の流れが起こる。窓の近くの空気は冷やされて重くなり、下方に移動して床を這うように広がる。その間も室内の気流は回り続け、室温以上に寒さを感じやすくなる。

　気密性能の低さも床の冷たさの原因だ。低気密の住宅で暖房をすると、暖かい空気は上から抜けていき、その分下方から冷気を吸い込む

（**図2**）。暖房を強くするほど下方からの冷気を呼び込むことになるため、床は冷たくなる。加えて室内の気流は激しさを増すため、結果的に寒さを感じやすくなる。

　新築住宅の70％以上を占める複合フローリングも床の冷たさを促進している。複合フローリングの表面は樹脂で覆われており、熱伝導率は0.2W/㎡K程度と見られる。無垢フローリングの熱伝導率が0.12W/㎡K程度なので、それよりずっと大きい。実際、冬場に複合フローリングの表面を触ると無垢フローリングより冷たく感じる。

　高性能の窓にして気密性能を高め、無垢フローリングにすることで、上記の原因は取り除ける。床暖房を用いなくても床の冷たさを解消できる。

[**図1**] 窓の性能による室内の温度の違い

アルミサッシ
シングルガラス

冷輻射

樹脂窓
遮熱Low-Eペアガラス

[図2] 暖房した室内と空気の流れの模式図

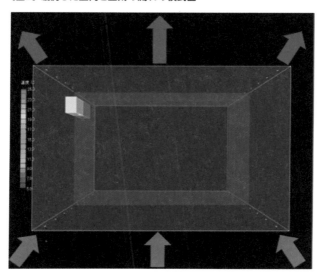

[図3] 低性能な窓の室内で起こっている気流

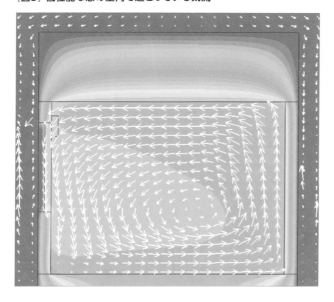

O5

家を小さくするのも
省エネ手法の1つ

Point
①
**支払い可能な光熱費の範囲で夏涼しく冬暖かく、
健康に暮らせるのがよい住宅**

<<←

Point
②
**断熱仕様は固定化せず、
支払い可能な光熱費に納まる断熱性能と仕様を検討**

>>>

Point
③
**光熱費が支払い可能額を超える場合、
家を小さくして光熱費を削減する**

<<←

暖房設備の導入費用を下げるには、断熱性能を高めることが有効だ。その効果の大きさを知ったのはドイツにあるパッシブハウス研究所を訪れたときだ。暖房負荷15kWh/㎡・年まで断熱性能を向上させると、セントラルヒーティングをなくし、第1種換気の給気を暖めるだけで全館を暖かくできることを知った。

　それでいて、コストアップにはならない。セントラルヒーティングのコストを断熱性能の向上に充当でき、竣工後のランニングコストも圧倒的に下がるからだ。これを日本の状況に置き換えると、高断熱化により、エアコン3台分もしくは各部屋に設置する床暖房がなくせるということになる（図）。

ところが日本の住宅業界は、暖房負荷を減らす努力をせずに太陽光発電や蓄電池、HEMSといった設備導入にまい進している。設備は一定年数で交換が必要で、その費用が生涯つきまとう。しかも省エネルギーになっても住む人の健康や快適性には寄与しない。日本ではこれを「スマートハウス」と呼んでいる。太陽光発電や蓄電池が悪いわけではないが、高断熱化の前にそれらに取り組むことは「スマート（賢い）」なやり方とは言えないだろう。

　支払い可能な光熱費の範囲で、冬暖かくて夏涼しい、健康に暮らせるのがよい住宅だ。そう考えると断熱仕様は固定化しないほうがよい。同じ断熱仕様で家を大きくすると光熱費は高くなる。Q値だけを見ていると、家が大きくなるほど数値がよくなるので見落とされがちだが、Q値より支払い可能な光熱費を前提とし、それが過大になる場合は小さな家を推奨すべきだろう。

[図] **断熱性能とイニシャルコストのベストバランス ＝ スマート**

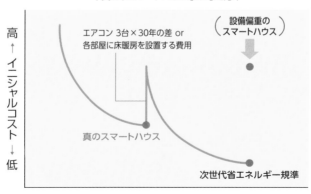

〈 真の「スマートハウス」の考え方 〉

冬は21℃・45〜50%、
夏は27℃・60%を目標にする

Point
1

冬に快適で健康に暮らせる環境は体感温度21℃、
相対湿度45〜50%が目標

<<←

Point
2

夏に快適で健康に暮らせる環境は体感温度27℃、
相対湿度60%が目標

>>>

Point
3

上記はダニやカビの発生を抑え、
ウイルスなどが感染しにくくなる環境

<<←

住宅の室内環境はどの程度にすべきだろうか。まずは冬の温度から見ていく。

イギリスでは国が中心となって室温と健康の関連性について20万件以上のデータを取った。それらを分析した結果、健康を保つ上で理想的な温度は21℃以上と結論付けた。

東京都市大学の宿谷昌則名誉教授によるエクセルギー※の研究では、「（空気温度＋周壁平均温度）/2」で表される体感温度は、21℃近辺が理想という結果が出ている。筆者の100棟を超える建て主の感想と室温の観察からも、体感温度21℃は目標値として適正だと思われる。

では冬の湿度はどうか。**図2**のように健康を保つ上で理想的な相対

※ エネルギー物質の「拡散能力」を表す概念。METHOD08を参照

湿度は40〜60％と言われることが多い、ダニに関しては60％を超えると急激に繁殖する。一方で絶対湿度が指標となる場合もある。それが喉の粘膜の状態だ。対ウイルスの抵抗力を保つためには喉の粘膜の湿り気が重要だが、粘膜の乾燥は絶対湿度に左右される。粘膜が乾くかどうかの瀬戸際は9g/kgだという（「温度と人間」[C・A・ウィンスロー、医歯薬出版]）。9g/kgは室温21℃で相対湿度58％となり、ダニの生息域と重なる（**図2**）。ただし、大型の加湿器を使ってもこのレベルの湿度を保つのはかなり難しい。

　筆者の知人で、絶対湿度を一定の範囲に保って暮らしている方がいる。その方が家族や友人を対象とした調査では7g/kgに境界があるという。この場合、室温21℃のときの相対湿度は約50％となり、ダニの生存域とは重ならない。これらの情報から筆者は冬の温湿度の目標値を体感温度21℃・45〜50％（絶対湿度約7g/kg）と定め、同様に夏の目標値を27℃・60％（絶対湿度約13g/kg）としている。

[図1] 湿度と人間の健康

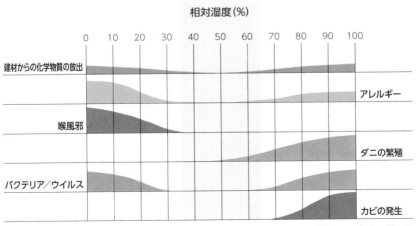

相対湿度(%)

出典: パッシブハウス・ジャパン

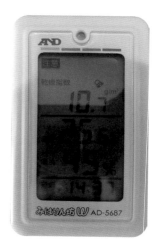

夏場の理想的な温度湿度環境の例。
この室温で湿度をここまで落とすのはかなり難しい

[図2] 温度・湿度とのどの渇きとの関係

のどの渇きは絶対湿度が決める

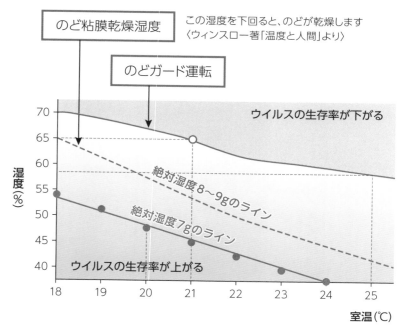

のど粘膜乾燥湿度

のどガード運転

この湿度を下回ると、のどが乾燥します
〈ウィンスロー著「温度と人間」より〉

ウイルスの生存率が下がる

絶対湿度8〜9gのライン

絶対湿度7gのライン

ウイルスの生存率が上がる

湿度（%）

室温（℃）

出典: 三菱加湿器カタログ

絶対湿度と相対湿度の相関で
快適性を把握する

Point
1 **絶対湿度とは空気1kgに含まれる水蒸気量のことで、
g/kgもしくはg/㎥で表す**

Point
2 **同じ相対湿度50%でも温度により水分量は異なる。
相対湿度の数値は体感と一致しない**

Point
3 **冬の理想的な湿度環境は7g/kg、
夏の理想的な湿度環境は13g/kg未満**

絶対湿度とは空気1kgに含まれる水蒸気量のことで、g/kgもしくは g /㎥で表す。空気1㎥は約1.2kgなので、概算時には1㎥=1.2kgと単純化するとイメージしやすい（**表1**）。**図1**のように空気温度が高くなるほど空気中に水蒸気を多く含める。

　分かりやすいように5℃間隔で飽和水蒸気量（g/kg）と相対湿度50%のときの絶対湿度を比較したのが**表2**だ。相対湿度50%でも温度によって水分量はかなり違うことが分かる。

　次に日本の代表的な都市の絶対湿度を見てみる（**表3**）。喉の乾燥を防いでウイルス感染しにくくするには、7g/kg以上はほしい。逆に夏は12〜13gを超えると蒸し暑さを感じる。これを踏まえると、**表3**

の青字が加湿を必要とする時期、赤字が除湿を必要とする時期となる。これを相対湿度で見たのが**表4**だ。相対湿度の数値は体感とリンクしないことが分かる。

　上記を勘案すると、夏と冬に健康で快適な温湿度範囲はどのようになるか。まず冬に快適な室温は20〜24℃となる。絶対湿度は前述の理由から7g/kg以上ほしいが、相対湿度60％を超えるとダニが加速度的に増えやすくなる。両者を満たすのが**図2**の赤い部分だ。これが冬に推奨できる温湿度範囲となる。ただし、冬に7g/kgの環境をつくるのに40坪程度の住宅で約10ℓ/日の加湿が必要だ（3種換気の場合）。

　夏に快適な室温は25〜28℃だ。ダニの急速な増加防止のために相対湿度60％以下とし、蒸し暑さを避けるために絶対湿度13g/kg未満としたい。両者を満たすのが**図2**の青い部分だ。こうした環境を実現するためには除湿に工夫が必要となる。実際には上端の折れ線を達成するのがやっとだと思われる。

[表1] 温度による空気の重さの違い

温度	空気の比重	
0	1.29kg/㎥	
5	1.27kg/㎥	
10	1.24kg/㎥	
15	1.22kg/㎥	
20	1.20kg/㎥	標準的な暖房設定温度
25	1.18kg/㎥	
27	1.17kg/㎥	標準的な冷房設定温度
30	1.16kg/㎥	
35	1.14kg/㎥	
40	1.13kg/㎥	
50	1.09kg/㎥	エアコンの温風温度
70	1.03kg/㎥	ガスファンヒーターの温風温度
150	0.83kg/㎥	灯油ファンヒーターの温風温度

[図1] 温度による飽和水蒸気量の違い

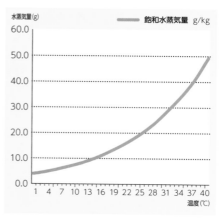

[表2] 温度による相対湿度50%時の空気中水分量

気温(℃)	0	5	10	15	20	25	30	35	40
飽和水蒸気量(g/kg)	3.8	5.4	7.6	10.6	14.7	20.1	27.2	36.5	48.8
相対湿度(%)	50	50	50	50	50	50	50	50	50
50%時の水分量(g/kg)	1.9	2.7	3.8	5.3	7.3	10.0	13.6	18.3	24.4

[表3] 4都市における月別平均の絶対湿度(g/kg)

月	1月	2月	3月	4月	5月	6月	7月	8月	9月	10月	11月	12月	平均
東京月平均絶対湿度	2.9	3.0	4.0	6.2	8.9	12.0	15.3	16.4	13.1	8.8	5.6	3.6	8.3
大阪月平均絶対湿度	3.5	3.5	4.3	6.3	8.9	12.4	16.0	18.8	13.3	8.9	6.2	4.3	8.9
神戸月平均絶対湿度	3.5	3.7	4.4	6.5	9.3	12.9	16.7	17.3	14.1	9.0	6.2	4.3	9.0
京都月平均絶対湿度	3.5	3.5	4.2	5.9	8.5	11.8	15.6	15.9	12.8	8.6	6.0	4.2	8.4

[表4] 4都市における月別平均の相対湿度(%)

月	1月	2月	3月	4月	5月	6月	7月	8月	9月	10月	11月	12月	平均
東京月平均相対湿度	49	50	55	60	65	72	73	71	71	66	59	52	61.9
大阪月平均相対湿度	61	60	59	59	62	68	70	66	67	65	64	62	63.6
神戸月平均相対湿度	62	63	61	62	66	72	75	71	70	64	63	61	65.8
京都月平均相対湿度	66	65	62	59	62	67	70	66	68	68	68	68	65.8

[図2] 相対湿度・絶対湿度の指標を組み合わせた快適な温湿度の範囲

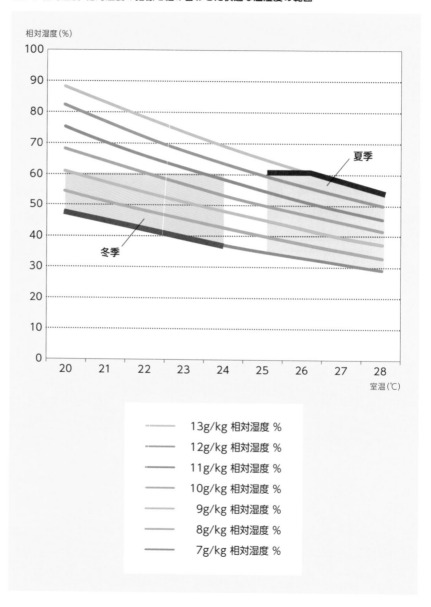

METHOD
08

周壁平均温が低いと
健康的な室内環境にできない

Point
1
エクセルギーが小さいほど人体に低負荷。
周壁平均温25℃、室内空気温18℃のときが最小

‹‹←

Point
2
冬の周壁平均温が低い住宅では
体への負担が少ない室内環境にできない

›››

Point
3
エクセルギーが最小となる周壁平均温25℃にするには
輻射型の暖房器具が必要(究極の環境を狙う場合)

‹‹←

　ETHOD07で快適な温度と湿度について解説したが、温度については体感温度が重要になる。

　今までの体感温度の概念は、「体感温度＝(室温＋周壁平均温)/2」であった。この考え方だと周壁平均温が高くても低くても21℃は21℃として評価される。それより一歩踏み込んだのがエクセルギーの図だ。

　この図の太線は「代謝熱量＝放熱量」を表しており、従来の体感温度だと21〜21.5℃に該当する。エクセルギーは値が小さいほど人体への負荷が小さい。エクセルギーが最小となるのは周壁平均温25℃、室内空気温18℃のときだ(図)。周壁平均温が低い住宅では体への負

担が少ない室内環境にできないことが分かる。

　エアコン暖房の場合、500mm厚の断熱材で囲まれた窓のない空間でも周壁平均温は空気温度以上にはならない。暖房設定温度が21℃なら周壁平均温は21℃が限界だ。一方で断熱性能が下がり、窓が増えるほど周壁平均温は低くなる。

　エクセルギーが最小となる周壁平均温25℃にするには、日射を受けて床が十分に温まっている、床暖房を敷設している、薪ストーブや温水パネルヒーターなどの輻射型の暖房器具を設置している、などが条件となる。

　輻射型の暖房器具の快適性はエクセルギーの図からも読み取れる。ただし輻射型の暖房器具は高価なものが多く、目視できる範囲にしか輻射熱は届かないため家全体に行き渡らせることは難しい。また、温暖地では冷房や除湿機能が求められることから、エアコンも設置する必要があり、二重の投資となる。ここまでやる必要はないだろう。

[図] 相対湿度・絶対湿度の指標を組み合わせた快適な温湿度の範囲

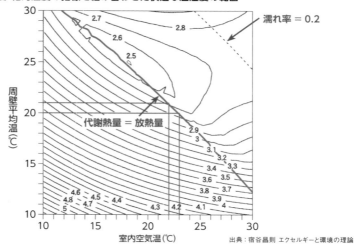

出典：宿谷昌則 エクセルギーと環境の理論

METHOD
09

室温22℃、周壁平均温21℃が現実的な目標値

Point
1
外皮性能を高めてもエアコン暖房だけでは
周壁平均温25℃は実現できない
<<←

Point
2
外皮性能の高い住宅で室温を22℃にすると
周壁平均温を21℃にできる
>>>

Point
3
上記のときにエクセルギー値は
2.7と理想に近い状態になる
<<←

周壁平均温を高めるには暖房器具の選定が重要だ。暖房器具の選定には設計者の好みが働くが、イニシャル・ランニングコスト、省エネルギーのすべてをバランスよく満たし、冷暖房と除湿を行えるのはエアコンだけだ。エアコンは量産効果により費用対効果が高く、しかも技術的に進化を続けている。

　暖房の項で詳述するが、筆者はエアコン1台（冷房合わせて2台）で快適性を維持できる暖房負荷となる仕様が最低限必要だと考えている。高断熱住宅の場合、能力的には1台でまかなうことも可能だが、暖房は下の階から、冷房は上の階から行った方が効率がよいため、小さな家でも2台が適切だ。その上で予算に余裕がある場合、より高い

快適性を狙って輻射型暖房器具の採用を検討するとよいだろう。

　エアコンだけで暖房した場合、昼間の日射が得られる時間帯以外には周壁平均温25℃は実現できない。外皮性能を高めても暖房設定温度21℃の場合、20℃あたりが限界だろう。この場合、体感温度は20.5℃まで下がる。

　外皮性能の高い住宅で暖房設定温度を22℃にすると、周壁平均温を21℃くらいにできる。このときのエクセルギーの値は前項の図から読み取れるように2.7となる。ベストな環境ではないが、理想に近いとはいえるだろう。

　エアコンによる暖房には問題点もある。詳しくは次項で述べるが、室温をそれほど上げなくても快適に過ごせる環境にすることでデメリットが少なくなる。

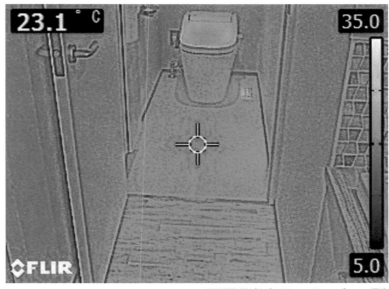

周壁平均温が21℃くらいのサーモグラフの画像

METHOD

10

周壁平均温を知る方法は
2通りある

Point
1
周壁平均温は放射温度計で各部位を計測し、
仮想球上で専有割合を掛け合わせて概算

‹‹←

Point
2
周壁平均温などの表面温度にこだわるのは
快適性のほか結露に関係するため

›››

Point
3
次世代省エネ基準レベルより
良好な躯体性能の住宅でも結露の可能性がある

‹‹‹

快 適性を高めるには周壁平均温が重要だ。そして周壁平均温を知る方法は大きく分けて2通りある。

1つはグローブ温度計（グローブサーモメーター）を用いる方法だ。

2つめは放射温度計などで床、壁、天井、窓などの各部位の表面温度を計測し、それぞれの表面温度に天空率計算のような仮想球上での専有割合を掛け合わせて合計する方法だ。仮想球上での割合を計算することは高度な数学の知識を要するため、部屋の直方体の内側表面積による按分計算でもよい。こちらは計

グローブ温度計

算が容易で結果もそれほど変わらない。

　グローブ温度計を用いる方法は手間が掛からず比較的正確だが、温度計が1万5000円程度と高価でかさばるのが難点だ。一方、放射温度計による方法は測定も簡単で、放射温度計を所有している実務者も多いので実行しやすい。ただし、放射温度計は温度の表示に誤差があることと、按分計算はあくまで概算になるのが難点だが、手軽な方法でお勧めできる。

　筆者が周壁平均温度などの表面温度にこだわるもう1つの理由が結露だ。図1は「悪い例」として紹介されているドイツの事例だ。赤は表面温度が十分に高く結露の危険性がまったくない状態、黄色はぎりぎり結露しない状態、青は露点を下回り結露する状態を示している。

　この事例は日本の次世代省エネルギー基準より高い断熱性能の住宅だが、それでも結露の可能性がある。図2はパッシブハウスレベルの躯体性能が高い住宅だ。こちらは表面温度が高く保たれ、結露のリスクが取り除かれていることが分かる。

放射温度計で壁の表面温度を計測している様子

放射温度計のモニター画面。
表面温度が色彩で表示される

[図1] 断熱性能が低くて熱橋に気をつけていない住宅（日本では高性能住宅レベル）

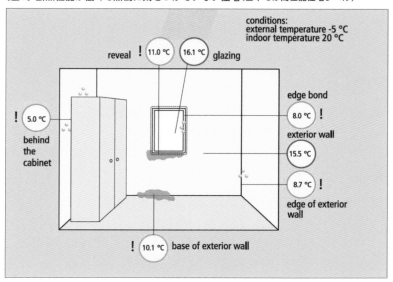

[図2] 断熱性能が高くて熱橋に気をつけている住宅（パッシブハウスレベル）

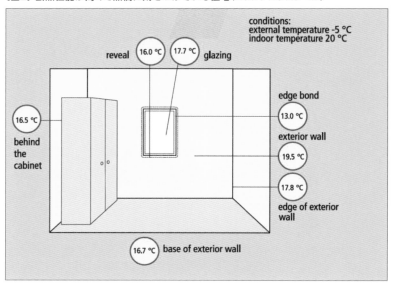

METHOD
11

日射遮蔽と高い断熱性能が
備わった家は夏でも涼しい

Point
①
夏の屋根・外壁面の温度は外気温を超える。
高断熱化はその熱が室内に伝わるのを防ぐ
<<<

Point
②
高断熱化に加えて東西北面の窓を小さくして
遮熱Low-Eガラスを用い、南面に庇を設置
>>>

Point
③
上記を実施すれば高断熱化に加えて
窓から流入する熱量を減らせるので涼しくなる
<<<

いまだに「高断熱化しすぎると夏にオーバーヒートする」という誤解がある。実際には東西面（できれば北面も）の窓は面積を極力小さくして遮熱Low-Eガラスを用い、南面に庇などを設置すれば、高断熱化することで確実に涼しい住宅になる。

単純な計算からも断熱の効果は分かる。真夏の屋根の表面温度は50℃を超える。室温27℃の場合、温度差は23℃だ。このときに移動する熱量は、**屋根の熱貫流率×屋根面積×屋根上下温度差**で計算できる。この式から分かるように、熱は温度が高い方から低い方に流れる。その量は温度差が大きいほど多く、断熱材が厚いほど少なくなる。

断熱の効果を検討するために、8m角の屋根に高性能グラスウール

16K（熱伝導率0.038）を用いた室温27℃の建物を想定し、断熱材の厚みと流入する熱量、天井の表面温度の関係を整理してみた（**表**）。

表の通り、断熱材の厚みを増すほど流入熱量が減る。表面温度の差は最大0.5〜0.6℃になる。同じことは外壁にもいえる。朝方の外壁東面の表面温度は35〜37℃、西面は夕方に38〜42℃になる。北面は夕方で33℃程度がピークだ。最も日射が当たる時間帯において、その外壁面の温度は外気温を上回る。その熱を遮って内壁の表面温度を上がらないようにするには高断熱化が有効だ。なお、これらの表面温度は白っぽい色の外壁を想定している。黒に近い色ではこれより10℃以上上がる。安易に黒い外壁を採用するのは避けたい（**図**）。

［表］天井断熱材厚さと天井表面温度

天井断熱材厚さ（GW）	屋根表面温度50℃ 左：天井温度 右：流入熱量		屋根表面温度55℃ 左：天井温度 右：流入熱量	
100mm	27.89℃	630W	28.08℃	681W
200mm	27.46℃	315W	27.56℃	341W
300mm	27.31℃	210W	27.38℃	227W

［図］室内の温度変動を水に例えたイメージ

▼32℃
急上昇　▲27℃　　緩上昇　▲27℃

● 壁の隙間は断熱・気密性能を表す
　→ 左図が右図より断熱・気密性能が低い
● 室内の水位（室温）はいずれも外部の水位（外気温）と同じところまで上昇する。ただし水位上昇のスピードは左図が早い
　→ 左図のほうが外気温の影響を受けやすい
● 汲み上げポンプ（エアコン）を使って水位を27℃に保とうとした場合、左図のポンプがより多く働く必要がある
　→ 左図はエアコンをフル稼働させる必要がある
日射遮蔽がきちんとできている住宅では高断熱は涼しさを保つ要因となる

METHOD
12

梅雨〜夏に通風を重視すると
カビやダニと共存する家になる

Point
1
**梅雨〜夏は通風に頼らずに日射遮蔽を徹底し、
外部からの高湿な空気の流入を防ぐ**

‹‹←

Point
2
**梅雨〜夏はエアコンを連続運転して
絶対湿度を管理してダニ・カビのリスクを下げる**

→›››

Point
3
**冷房の間欠運転は初動時に大量の電気を消費するので
一概に省エネとは言えない**

‹‹←

日本では夏の環境を整える上で通風を重視してきた。30年前の田舎は家の密度も低く、気候も涼しかった。その時代の通風は否定しないが、昨今は夏の最高気温が上昇を続け、通風だけではしのげない。そして通風は意図通りに得るのが難しい。東京大学の前真之准教授は、アメダスの卓越風データによる通風の検討はほぼ無意味だと研究で明らかにした。

東京の外気の月別平均絶対湿度を見ると、約5カ月は加湿が、約4カ月は除湿が必要だ（**表**）。後者の4カ月間に通風を行うと、大量の水分を室内に招いてカビやダニが生息しやすくなる。

総合的に考えると、夏は日射遮蔽を徹底し、外部から高湿な空気を

必要以上に取り入れず、エアコンを連続運転して絶対湿度を管理するほうがよい。冷房は間欠運転のほうが省エネルギーのように感じるが、冷房運転の開始時に多くの電気を消費する。車が一速で加速する際に最もエネルギーを食うのと同じ原理だ。そのため「間欠運転=省エネルギー」とは必ずしも言えない。

　また太陽光発電を設置している場合、最も暑い時間帯は最も発電量が多く、エアコンを連続運転しても電気代は掛からない。さらに冷房負荷の低い建物であれば1台のエアコンを適切な負荷率で運転できる。

　実際、延床面積45坪の住宅で上記のような生活をしている家の冷房費用は約5000円/月だ。この金額でカビやダニの発生リスクを下げ、暑さと湿気による睡眠不足や冷房病と無縁で生活できるのであれば、筆者は通風よりエアコンの連続運転を勧める。各部屋にエアコンを設置する場合は冷房特有の不快さが残るが、筆者は小屋裏にエアコンを設置して24時間微弱冷房で運転しているので、強烈な冷風や冷気は感じない春や秋のように暑さ・寒さを意識しない環境になる。

[表] 東京の温度・湿度環境

月	1	2	3	4	5	6	7	8	9	10	11	12
外気平均温度	6.1℃	6.5℃	9.4℃	14.6℃	18.9℃	22.1℃	25.8℃	27.4℃	23.8℃	18.5℃	13.3℃	8.7℃
外気平均相対湿度	49%	50%	55%	60%	65%	72%	73%	71%	71%	66%	59%	52%
外気平均絶対湿度	2.9g	3.0g	4.0g	6.2g	8.9g	12.0g	15.3g	16.4g	13.1g	8.8g	5.6g	3.6g
室内相対湿度	27.0%	27.7%	34.6%	49.6%	72.8%	78.0%	77.9%	77.4%	76.2%	67.3%	45.5%	31.8%
室内絶対湿度	3.9g	4.0g	5.0g	7.2g	9.9g	13.0g	16.3g	17.4g	14.1g	9.8g	6.6g	4.6g
加湿除湿	加湿	加湿	加湿	–	–	除湿	除湿	除湿	除湿	–	加湿	加湿

METHOD

13 室内の二酸化炭素を 1000～1500ppm以下に保つ

Point
1 換気0.5回/hの規定はあるが
気密の基準はないため3種換気が機能していない

<<<←

Point
2 気密性が悪いと自然給気口から新鮮空気が
入ってこないので換気は想定通りいかなくなる

>>>→

Point
3 C値1の建物で排気量の半分、C値2だと1/3しか
自然給気口から新鮮空気が入ってこない

<<<←

人の健康には適切な温度・湿度環境のほか、新鮮な空気も必要だ。人間1人に必要な換気量は、**必要新鮮空気量＝炭酸ガス発生量÷（許容濃度−新鮮空気の炭酸ガス濃度）**で求める。

ビルの管理法における室内のCO_2許容濃度は1000ppm、屋外が350ppmとされているので、$0.02 m^3/h$人$÷（0.001−0.00035 m^3/m^3）≒30 m^3/h$人となる。4人家族だと$120 m^3/h$になり、延床面積$100 m^2$で平均天井高2.4mの家では、1時間当たり0.5回換気をすれば1000ppm以下を保てる。

この考え方からすると、$100 m^2$より小さい家ではもっと多くの換気が必要となり、逆に大きい家はここまでの換気量が不要となるが、建

築基準法では住宅の大小を問わず一律0.5回/h換気を求めている。ちなみに現在の外気のCO_2濃度は地球平均で400ppmまで上昇し、500ppmを超える地域もある。500ppmで計算すると必要新鮮空気量は約40㎥/h人で4人在宅時の必要換気量も160㎥に増える。CO_2許容濃度を1500ppmとすることが現実的になってきている。

　換気には気密性能が影響する。現在ほとんどの住宅は3種換気だが、気密性が悪いと自然給気口から新鮮空気が入ってこない。C値1の建物で120㎥の換気扇を付けた場合、自然給気口から60㎥、C値2だと36㎥程度の新鮮空気しか入ってこない（図）。だが現在の建築基準法では換気0.5回/hの規定はあっても気密の基準はない。そのため換気が機能していない建物が多い。

[図] 気密と給気量

自然給気口からの給気量の割合

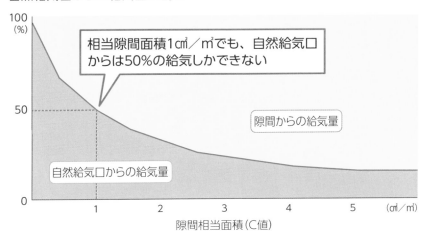

注　自然給気・機械排気の第3種換気で、給気口から入る給気量と住宅の隙間から入る給気量の割合を表したグラフ。隙間面積が大きくなるほど、自然給気口からの給気量が少なくなる。これは、計画した換気ができず、空気の入れ替えがしっかり行われないことを意味する

出典: ㈳北海道建築技術協会

住宅にも燃費表示が必要

　筆者は健康で快適な省エネ住宅を経済的に実現することを目標に住宅を設計している。それはその家に住む家族が幸せになるためだ。その目的を達成するためには健康・快適性や経済性が重要で、それらはつくり手のこだわりや主張よりも優先される（**図**）。

　住宅と健康の相関性に関するエビデンスが充実しているのが温度と湿度だ。断熱・気密、冬の日射取得と夏の日射遮蔽をきちんと行った住宅であれば、エネルギーを掛けずに快適な温度と湿度が保てる。

　省エネは維持費にも直結する。建て主は工事費に目が行きがちだが、本当に重要なのは生涯における経済性だ。工事費に着目するのは燃費表示がないためだ。燃費表示がなされていれば、維持費を含めて費用が掛からない住宅が選択される。実際、乗用車の分野では高価なハイブリッドカーが飛ぶように売れている。

　もちろん燃費が悪いと分かっていてもポルシェに乗る自由はある。ただし、ポルシェのカタログには「リッター7.9km」と書かれている。経済性を重視する人間であれば「ポルシェの『乗り味』は最高だが買うのはやめよう」と判断できる。

　こうした判断に必要な情報が日本の住宅では開示されていない。結果として建て主の経済的損失や健康被害を生み、温暖化防止への逆行や国外への燃料費流出など国家的な損失にもつながっていく。このことを建築実務者は深く自覚しなければならないだろう。

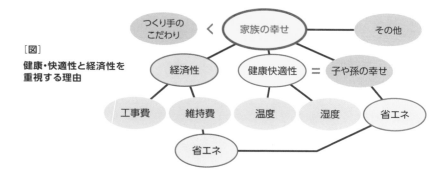

［図］
健康・快適性と経済性を重視する理由

第 **2** 章

断熱性能は
どのように高めるとよいか

エコハウスをかたちづくる重要な技術の1つが断熱です。
適切な費用で、結露やシロアリ被害などを生まずに
確実に性能を高める方法を解説します。

THE BASICS OF ECO-HOUSE DESIGN

国が設定した暖房負荷は
あてにならない

日本の省エネ基準に準拠しても暖かさは得られず、
省エネにもなりにくい

＜＜←

国が設定した暖房負荷は小さすぎて
暖房費を計算すると実際よりかなり少なく出る

＞＞＞

外気温が−10℃になる場所が6地域に含まれるなど
全国を8つに割った弊害が出ている

＜＜←

　　　健康で快適な室内環境のベースとなるのが国の省エネルギー基準だ。

　現在の省エネルギー基準は、制定年度から平成28年省エネルギー基準と言われる（表1）。求められる性能自体は平成11年に制定された次世代省エネルギー基準とほぼ同じで、EU全域で2020年に義務化されると言われる基準と比べると6倍も緩い。

　この基準通りに建てた場合の暖房エネルギーが表2であり、寒冷地ほど暖房エネルギーを大量に消費する。寒冷地は経済的に厳しい地域だが、それを助長する値となっている。暖かさが得られず、省エネにもなりにくい中途半端な基準と言える。

また、国で設定した暖房負荷は小さすぎる。基準の暖房負荷で暖房費用を計算すると、実際よりかなり少ない数値が出る。国内の計算ソフトは基準の暖房負荷に基づいているので、大半でこのようになる。一方、パッシブハウス・ジャパン提供の「建もの燃費ナビ」というソフトの場合、計算と実際の差は15%程度に収まっている。

　基準の暖房負荷と「建もの燃費ナビ」の暖房シミュレーションとの差が**表3**だ。これを見ると5地域は両者の乖離が2割程度だが、地域区分が離れるほど数値の乖離が広がる。特に寒冷地は乖離が大きい。

　この基準では、暖房度日に基づいて地域が区分けされている。筆者の事務所がある兵庫県には最寒日の外気温が−10℃になる場所があるが、この基準では6地域に含まれている。この地区でQ値2.7程度の性能だと、寒い家になるだけでなく、窓で結露した水が凍ることもある。これらは全国をわずか8つの気候区分に割った弊害だ。ちなみに「燃費ナビ」は全国を800カ所に分割し、さらに1時間単位で計算しており、それが計算の正確さにつながっている。

［表1］**国の省エネ基準が示すQ値**　注 8地域は省略　　　　単位：kWh／㎡年

新地域	1	2	3	4	5	6	7
旧地域	Ⅰa	Ⅰb	Ⅱ	Ⅲ	Ⅳa	Ⅳb	Ⅴ
Q値	1.6	1.6	1.9	2.4	2.7	2.7	2.7

［表2］**国の省エネ基準が想定する暖房負荷**　注 8地域は省略　　　　単位：kWh／㎡年

新地域区分	1	2	3	4	5	6	7
旧地域区分	Ⅰa	Ⅰb	Ⅱ	Ⅲ	Ⅳa	Ⅳb	Ⅴ
国想定の暖房負荷	134	118	109	115	107	79	41

［表3］**国想定の暖房負荷Q値と「建もの燃費ナビ」の計算結果の比較**　注 8地域は省略　単位：kWh／㎡年

新区分	1	2	3	4	5	6	7
旧区分	Ⅰa	Ⅰb	Ⅱ	Ⅲ	Ⅳa	Ⅳb	Ⅴ
国が想定する暖房負荷	134	118	109	115	107	79	41
燃費ナビの暖房負荷	203	161	155	144	131	102	64
国に対する倍数	1.51	1.36	1.42	1.25	1.22	1.29	1.56
国に対する差（絶対値）	69	43	46	29	24	23	23

HEAT20のG2は
欧米の最低基準

Point
1
HEAT20は省エネルギー基準の地域区分に基づき、
G1、G2の2グレードで断熱性能を設定

<<<←

Point
2
GI、G2ともに国の省エネルギー基準よりも高水準。
G2は日本の最上級の断熱基準とされる

>>>→

Point
3
G2は海外の省エネルギー基準より劣り、
欧米の大半の国における最低基準に相当する

<<<←

国の省エネルギー基準が中途半端だとするとHEAT20という基準はどうだろうか。

　HEAT20は「2020年を見据えた住宅の高断熱化技術開発委員会」の略称であり、研究者と住宅・建材生産者団体の有志によって構成されている。HEAT20では国の省エネ基準の地域区分に基づき、表1のようにG1、G2という2つのグレードで断熱性能を設定している。

　この基準は国が定めたものではないが、多くのメディアなどで紹介されて急速に認知された。GI、G2ともに国の省エネルギー基準よりも高い水準であり、特にG2は日本における最上級の断熱基準として認識されている。なお、大手ハウスメーカーのつくる家の多くはG1

レベルの性能である。

　HEAT20が業界に広まったことで、日本における新築住宅の断熱性能の底上げに貢献したことは間違いない。ただし、そのことでG2が新たなゴールになってしまったのは問題である。G2は海外の省エネルギー基準と比べると決して高水準ではなく、欧米の大半の国における最低基準に相当するからだ。

　HEAT20の発表から5年が経過し、住宅の断熱性能は着実に上がっている。そのことを踏まえて、最近になってG3というより上位の基準案が発表された（**表2**）。6地域のUA値が0.26と極めて高い水準にある。この水準になると全館連続暖房を行っても国の省エネルギー基準の住宅で居室間欠暖房を行うときの暖房エネルギーの半分で済む。

　問題は日本の基準が暖房度日をベースに8つの気候区分に分けていることだ。このような区分だと基準が階段状になり、実際の気候と合致しないエリアが生じる。設計者がそれを見越して性能向上させれば問題はないが、そうした意識と能力をもつ設計者はまだ少数だ。

[表1] **HEAT20 G1・G2 断熱性能推奨水準　外皮平均熱貫流率 UA値**

単位：W/(㎡・K)

推奨グレード	地域区分						
	1	2	3	4	5	6	7
HEAT20 G1	0.34	0.34	0.38	0.46	0.48	0.56	0.56
HEAT20 G2	0.28	0.28	0.28	0.34	0.34	0.46	0.46

[表2] **HEAT20 G3基準案**　　上段:外皮平均熱貫流率UA値［W/(㎡・K)］　下段:熱損失係数Q値［W/(㎡・K)］

地域区分						
1	2	3	4	5	6	7
0.20 (0.95)	0.20 (0.95)	0.20 (0.95)	0.23 (1.01)	0.23 (1.01)	0.26 (1.07)	0.26 (1.07)

真の暖かさの指標は
Q値ではなく暖房負荷

Point
①
**Q値だけを問うことにあまり意味はなく、
暖かさの指標である暖房負荷が大事**

〉〈〈

Point
②
**暖房負荷の主要素は日射取得とQ値、C値であり、
特に前二者の影響が大きい**

〉〉〉

Point
③
**Q値1.6は高性能窓を使えば簡単に実現できるが、
Q値1.0以下は工事費がある程度掛かる**

〈〈〈

断熱性能の指標となるのがQ値（熱損失係数）である。数値が小さいほど断熱性能が高い。

筆者は「Q値はどこまで向上させるべきか？」と質問されることが多い。だがQ値だけを問うことにあまり意味はない。大事なのは暖かさの指標である暖房負荷だ。暖房負荷の主要素は日射取得とQ値、C値であり、特に前二者は影響が大きい。ただし、日本海側のように日射取得量が少ない地域ではQ値の影響が大きくなる。

これらを踏まえてQ値と暖房負荷の関係を整理した（**表1**）。ここでは暖房負荷を80kWh/㎡年（東京・大阪の次世代省エネルギー基準程度の水準）、60kWh/㎡年（約8割の建て主が満足する水準）、

40kWh/㎡年（ほぼすべての建て主が満足する水準）、の3段階に分けた。ここで示した暖房負荷は「建もの燃費ナビ」による計算結果であり、ほかのソフトで計算した場合より大きめの値となっている。

　Q値1.6は国産の高性能窓を使えば、特別な断熱仕様にしなくてもクリアできるため、どの地域でも容易に達成できる。最も着工戸数が多い6地域はこの水準の建物で60kWh/㎡年が達成できるので、これが最低レベルとなる。

　Q値1以下になると急激にイニシャルコストが高くなり、Q値0.6以下になると実現すら難しくなる。そう考えると北海道や北東北などの1・2地域で40kWh/㎡年を狙うのは不可能に近く、頑張っても60kWh/㎡年を達成するのがやっとだ。**表2**は札幌版次世代住宅の等級である。最も高性能なトップランナーのカテゴリーがQ値0.5に設定されている。このことからも、温暖地は40kWh/㎡年、寒冷地は60kWh/㎡年を指標にするのが妥当だと思われる。

[表1] **目指す暖房負荷（3段階）を達成するためのQ値**

単位：W/㎡K

新区分	1	2	3	4	5	6	7
旧区分	Ⅰa	Ⅰb	Ⅱ	Ⅲ	Ⅳa	Ⅳb	Ⅴ
暖房負荷80を達成するQ値	0.63	0.80	0.98	1.33	1.65	2.12	2.70
暖房負荷60を達成するQ値	0.47	0.60	0.74	1.00	1.24	1.59	2.53
暖房負荷40を達成するQ値	0.32	0.40	0.49	0.67	0.82	1.06	1.69

　　次世代省エネルギー規準の値を超えるので同基準の値とした

　　Q値が0.6以下は現実的にはかなり難しくなってくる領域

[表2] **札幌版次世代住宅の等級**

等級	Q値
ミニマムレベル	1.6
ベーシックレベル	1.3
スタンダードレベル	1
ハイレベル	0.7
トップランナー	0.5

METHOD

17

賃貸マンションの環境は
Q値1.9の戸建て住宅程度

Point ①
建て主が暮らしていた賃貸マンションと
同等の温熱環境と冷暖房費が最低限のライン

Point ②
賃貸マンションのQ値は推定で
2.95〜0.9W/㎡K程度でそれなりに暖かく、涼しい

Point ③
新築する戸建て住宅のQ 値は最低G1の1.9以下、
できればG2の1.6 以下が無難

新築住宅の設計に際しては、建て主が直前まで暮らしていたRC造の賃貸マンションと同等の暖かさと涼しさ、冷暖房費を実現することが最低限のラインとなる。それにはどのくらいの断熱性能が必要になるのだろうか。

マンションの中間階や中住戸は4面が隣戸に囲われる。木造戸建てと条件が異なるため比較が難しいが、隣戸がほぼ同じ間取りでよく似た生活パターンの場合、隣戸との熱のやりとりはほとんどないため、超高断熱と同じ状態になってくる。右頁のモデルで比較してみる（図）。

・戸建て住宅：延床面積120㎡、第3種換気

・マンション：延床面積70㎡、外周壁：現場発泡ウレタン25㎜厚、窓：

アルミサッシ+単板ガラス、空間形状：6P×14P×天井高2.4m=容積168㎥（1P＝910mm）

　マンション各戸の平均UA値を計算すると8.45と恐ろしく悪い数値になる。これは外周部1m程度を除いて隣戸との間にある壁、床、天井が無断熱であるためだ。

　このモデルで冬の外気温度が5℃のとき、隣戸との温度差2℃、1℃、0.5℃の3パターンで熱のやりとりを見てみる。そして、これらの温熱環境の再現に必要な木造戸建て住宅のQ値を算出してみる。

　その結果をまとめたのが**表1～3**だ。温度差2℃の場合、木造戸建て住宅に必要なQ値は2.95W/㎡K（**表1**）。次世代省エネルギー基準程度のQ値だ。1℃差の場合1.93W/㎡KとHEAT20のG1水準になる（**表2**）。0.5℃差の場合は1.41W/㎡KとHEAT20のG2以上となる（**表3**）。隣戸と温度差がない場合は0.9W/㎡Kが必要だ。この結果から戸建て住宅のQ値は最低でもHEAT20のG1レベルの1.9以下、できればG2レベルの1.6以下が望ましいことが分かる。それ以下の性能だと「寒い」というクレームになりかねない。

［図］**計算で想定したマンション住戸のモデル**

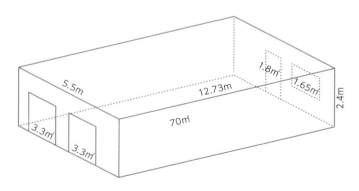

[表1] 隣戸温度差2℃のマンションと同性能の木造戸建て住宅に求められるQ値

部位 (窓がアルミサッシ + シングルガラスの場合)	部位の平均値 (W/㎡K)	面積 (㎡)	隣家室温or外気温との温度差(℃)	部位からの熱損失 (W)	面積比率 (%)	全体の平均UA値 (W/㎡K)
上下の床と両サイドの壁	9.16	201	2	3682	88.4	8.10
南北の壁と窓の平均	3.02	26.1	15	1182	11.6	0.35
合計	—	227.4	—	4878	100	8.45
換気による熱損失	168㎡/h × 0.5回 × 0.34W/㎡K × 15K = 428W					
換気を含む総熱損失	5307W					
120㎡で割ったQ値	2.95W/㎡K					

[表2] 隣戸温度差1℃のマンションと同性能の木造戸建て住宅に求められるQ値

部位 (窓がアルミサッシ + シングルガラスの場合)	部位の平均値 (W/㎡K)	面積 (㎡)	隣家室温or外気温との温度差(℃)	部位からの熱損失 (W)	面積比率 (%)	全体の平均UA値 (W/㎡K)
上下の床と両サイドの壁	9.16	201	1	1841	88.4	8.10
南北の壁と窓の平均	3.02	25.4	15	1182	11.6	0.35
合計	—	227.4	—	3037	100	8.45
換気による熱損失	168㎡/h × 0.5回 × 0.34W/㎡K × 15K = 428W					
換気を含む総熱損失	3465W					
120㎡で割ったQ値	1.93W/㎡K					

[表3] 隣戸温度差0.5℃のマンションと同性能の木造戸建て住宅に求められるQ値

部位 (窓がアルミサッシ + シングルガラスの場合)	部位の平均値 (W/㎡K)	面積 (㎡)	隣家室温or外気温との温度差(℃)	部位からの熱損失 (W)	面積比率 (%)	全体の平均UA値 (W/㎡K)
上下の床と両サイドの壁	9.16	201	0.5	921	88.4	8.10
南北の壁と窓の平均	3.02	26.4	15	1182	11.6	0.35
合計	—	227.4	—	2117	100	8.45
換気による熱損失	168㎡/h × 0.5回 × 0.34W/㎡K × 15K = 428W					
換気を含む総熱損失	2545W					
120㎡で割ったQ値	1.41W/㎡K					

■●◢ COLUMN-2

マンションはなぜ暖かいのか

　東京・大阪に建つ築30年のRC造マンションでは、南向き中間階の中住戸であれば無暖房でも南側LDKはほぼ16℃を下回らない。こうしたマンションの窓はシングルガラスのアルミサッシだ。コールドドラフトは強く、床は冷たいが、内窓の設置で劇的に温熱環境が向上する。寒いときだけエアコンをつければ南側LDKは20℃を確保できる。

　RC造マンションの断熱性能は低いが、住戸が隣接していて外皮面積が最小化しており、床・天井スラブ、戸境壁のコンクリートが巨大な蓄熱体となっているため、24時間を通した室温変動がほとんどない。晴天時も室温はほとんど上がらず、そのとき蓄えた熱を翌朝6時ごろまで持ち越せる。これがRC造マンションの強みだ。

Q値とUA値の関係を知ると両者の概算方法が分かる

Point
1
建物の断熱性能はQ値とUA値で表される。
両者の関係を理解して適切に使い分ける

〈〈←

Point
2
第3種換気の場合の概算方法：
UA値 ≒ 0.37 × Q値 − 0.13

〉〉〉

Point
3
第1種換気・熱交換率80％の場合の概算方法：
UA値 ≒ 0.37 × Q値 − 0.03

〈〈←

国の省エネルギー基準の改正により、昨今では断熱性能をUA値で表す。Q値との関係を理解して使い分けたい。最初に用語を整理する。

熱伝導率：熱の伝わる速さの係数。1m厚の材料の表裏に1℃の温度差があるとき、1㎡当たりで1秒間に伝わる熱量（W/m℃[※]）

熱貫流率（U値）：任意の厚みの材料1㎡において表と裏で1℃の温度差があるときに伝わる熱量（W/㎡℃）

上記より、熱伝導率＝厚さ1m の熱貫流率と分かる。熱伝導率0.04W/m℃のグラスウール100㎜厚（0.1m）の熱貫流率（W/㎡℃）は、0.04/0.1 ＝ 0.4W/㎡℃となる。

次に東京に建つ次世代省エネルギー基準レベルのモデルで、外気温0℃・室温20℃を24時間、家全体で維持する前提でQ値とUA値を算出する（図、表）。

Q値とUA値の定義は下記になる。

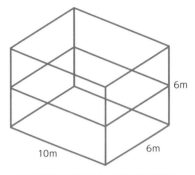

[図] 計算に用いたシンプルなモデル

Q値（熱損失係数）：建物の総熱損失量（＝伝導による熱損失＋換気による熱損失）を合計して延床面積と内外温度差で割った値（単位W/㎡℃）

UA値（外皮平均熱貫流率）：建物の伝導のみの熱損失を外皮表面積と内外温度差で割った値（W/㎡℃）

上記より、Q値は6000W÷120㎡÷20℃＝2.5W/㎡℃となり、UA値は4776W÷312㎡÷20℃＝0.77W/㎡℃となる。

このモデルの外皮表面積は312㎡。延床面積120㎡の38.4%になる。なおMETHOD50で掲載した国のモデルプランでは37%になる。ほぼ同じ値なので37%を採用すると、以下の概算式が導ける。

第3種換気の場合：UA値 ≒ 0.37 × Q値 − 0.13

第1種換気・熱交換率80%の場合：UA値 ≒ 0.37 × Q値 − 0.03

この概算式は延床面積が120㎡より大きい住宅はUA値が実際より小さく、小さい住宅は実際より大きく計算されやすい。また、モデルより平面形状が複雑、2階の乗りが悪いなど表面積の比率が高い建物は実際よりUA値が大きく計算されやすい。

※ 多くの資料では熱伝導率の単位をW/mK、熱貫流率の単位はW/㎡Kと表記しているが、K（ケルビン）では意味が分かりづらいのでほぼ同じ意味の℃で表記した。

次世代省エネ基準レベルの外壁・屋根の断熱仕様と熱貫流率（概算）

外壁床	●グラスウール100mm厚＝ 0.1mの場合 **熱貫流率（U値）:0.04W/m℃ ÷0.1m ＝ 0.4W/㎡℃** → 樹脂トリプルサッシのU値0.9の2倍以上良い
屋根	●グラスウール200mm厚＝ 0.2mの場合 **熱貫流率（U値）:0.04W/mK÷0.2m ＝ 0.2W/㎡K** → 樹脂トリプルサッシのU値0.9の4倍以上良い

[表] 室温を20℃に維持する場合の熱損失量の計算

◎伝導のみの熱損失

部位	面積 × U値(熱貫流率)× 温度差 ＝ 伝導による熱損失(1時間当たり)	熱損失率
窓面積	30㎡ × U値：4.6W/㎡℃ × 20℃ ＝ 2760W	46%
外壁面積	162㎡ × U値：0.4W/㎡℃ × 20℃ ＝ 1296W	22%
天井面積	60㎡ × U値：0.2W/㎡℃ × 20℃ ＝ 240W	4%
1階床面積	60㎡ × U値：0.4W/㎡℃ × 20℃ ＝ 480W	8%

▼

合計 4776W［①］

◎換気の熱損失

部位	建物容積 × 換気量 × 空気の比熱 × 温度差 ＝ 換気による熱損失(1時間当たり)	熱損失率
換気	360㎡ × 0.5 回/h × 0.34W/㎡℃ × 20℃ ＝ 1224W	20%

▼

合計 1224W［②］

総熱損失 ① ＋ ② ＝ 6000W

マンションは中住戸の影響を強く受ける

　Method18でRC造マンション住戸の温度環境を計算してみて驚かされたのが、中間階の中住戸であっても隣戸の影響を強烈に受けるということだ。

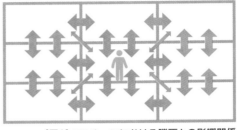

　マンションの中間階・中住戸は**図1**のように隣戸と接する。接地面積が大きい直下・直上階の2戸の影響が最も大きく、次いで左右の住戸となる。そのほかの設置面積が小さい住戸も**図1**のように相互

[図1] マンションにおける隣戸との影響関係

に影響を与えているため、無視できない影響をもたらす。

　コラム2で述べたように、RC造マンションでは日射熱を蓄熱し、24時間を通した温度変化が少ない。その効果について補足する。一般的に大半の人が最も寒さを不快に感じるのは朝の起床時や朝食、洗顔、トイレに行く時間帯だ。木造住宅の場合、**図2**のようにこの時間帯が一番寒くなることが大半だが、RC造マンションの場合、温度変化が緩和されている。これもマンションが暖かいと感じる理由の1つだ。

[図2] マンションが暖かく感じる理由

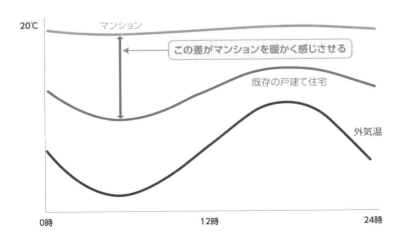

費用対効果の高い
断熱性能の高め方

断熱材の種類や厚みを変えてソフトで計算し、
断熱性能の違いを一覧表にする

<<<←

計算に用いた断熱材の材工共の費用を見積もり、
上記一覧表と照合してコスパを比較

>>>→

住宅に暮らす期間を想定し、
「工事費＋冷暖房費」のトータルコストを計算する

<<<←

「Q値を0.1下げるのに掛かるコスト比較」という考え方は高断熱化を進めるのに非常に重要だ。だが大半の工務店や設計事務所はこのような考え方を持ち合わせていない。

一般に工務店が断熱材を採用するきっかけは、①営業マンの熱心さと説得力、②カタログの出来栄え、③断熱材購入時の掛け率、④その他イメージ全般（製品名称の言葉の響きを含む）の4点だ。建て主が知ったら驚くだろうが、素人とまったく変わらない判断基準で断熱材が選ばれるケースは非常に多く、むしろ断熱を熱心に勉強している一般人の知識が上回ることが多い。

昨今はQ値やUA値を計算するためのソフトが安価に入手できる。

まずはそれらを使い、各部位に用いる断熱材の種類や厚みを変えると断熱性能がどれだけ変化するのかを計算することだ（**図**）。

その計算結果に加え、計算に用いた各断熱材の材工共の費用を見積もる。この2つの資料があれば、Q値やUA値を0.1下げるのに掛かるコスト比較ができる。工務店ごとに安く仕入れられる製品は異なるため、多少の違いが生じる。もちろん断熱材の費用対効果だけで高断熱化の仕様が決まるわけではないが、重要な指標であることは間違いない。

次に行うべきなのは、住宅に暮らす期間を想定することだ。想定年数が長いほど、高断熱化により「工事費＋冷暖房費」のトータルコストが下がり、高断熱化して工事費に投資することが有利に働く。逆に想定期間が短いと高断熱化のコストメリットは出にくい。

[図] 想定年数別の費用対効果の検討例（単純なモデル）

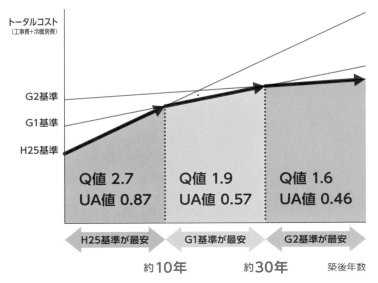

METHOD
20

裸のグラスウールのほうが
合理的に施工でき性能も出る

Point
①
筋かいがある箇所や寸法が合わない箇所には
袋から出して施工するので手間を食う

Point
②
裸のグラスウールはロール状の気密シートを
使えるのでテープを貼る箇所が少なく済む

Point
③
適切な施工を前提とすると裸の製品のほうが
袋入り製品より気密施工の手間は少ない

　こからは断熱材料や断熱工法を選定するためのポイントを解説
していく。

　費用対効果を考えると、最初に候補になるのがグラスウールだ。グ
ラスウールは悪者にされやすいが、多くの批判は不適切な設計施工を
前提としており、中傷に近い内容だ。

　グラスウールの本当の弱点は袋入り製品にある。袋入り製品は幅も
長さも決まっている。しかし現場の柱・間柱間の寸法は製品の寸法と
は異なる箇所が生じる。特に高さは現場により異なる。さらには筋か
いを外壁に施工する現場もある。

　寸法が合わない箇所に施工するには、袋からグラスウールを出して

から詰め、その上から袋を張って気密施工をする。裸のグラスウールと同じ施工方法が必要となる上に袋からグラスウールを取り出す作業も発生する。しかもグラスウールは詰めすぎても不足があっても極端に断熱性能が落ちる。

　袋入りのまま施工する部分にも問題がある。袋入り製品は袋の継ぎ目が多くなるので気密性を確保しづらい。一方、裸のグラスウールとロール状の防湿気密シートを使う場合、1m幅の防湿気密シートを下から順に張ればよいので、テープを貼る箇所は少なく、袋入りより手間も掛からない。また将来テープの粘着力が落ちたとしてもシートの重ね部分は石膏ボードで押さえ付けられているので気密低下のリスクは非常に低い。

　防湿気密シートは冬に室内の水蒸気が壁内に入り内部結露するのを防ぐ役割も担う。適切な防湿気密施工ができていないと、壁内結露やカビが生じる可能性が高い。また断熱材は結露水などで濡れると極端に断熱性能が落ちる。濡れた状態で長期間放置していると、構造材に腐朽菌やシロアリが寄り付く原因となり、構造の健全性もおびやかす。

裸のグラスウールを壁に充填した様子

グラスウールの上から防湿気密シートを施工する

METHOD
21

グラスウールは16K品を用い
面材耐力壁にして施工性向上

Point
①
最も費用対効果が高いのは高性能グラスウール16K品。
防湿気密シートは0.2㎜厚に

<<<

Point
②
外周部は面材耐力壁とし、
施工難易度を高める筋かいは極力外壁面には設けない

>>>

Point
③
夏型の逆転結露対策を考慮するなら
調湿型の気密シートを採用する

<<<

METHOD20で述べたように、グラスウールの袋入り製品は、袋入りという形態自体が弱点であり、それを採用する利点はない。それにもかかわらず、袋入り製品が多用されているのは、施工時に繊維が肌に触れるとチクチクする不快感があるためだと思われる。

施工者の健康や衛生面を無視することはできないが、現在では皮膚に対して刺激の少ないグラスウールが商品化されている。また、良心的なメーカーは裸のグラスウールを拡販しようと動きはじめている。

なお、グラスウールを充填した後に気密シートを適切に施工していれば、「チクチク」のもとになるガラス繊維が室内には出てこないので、建て主に影響を与えることなない。

グラスウールの採用に際して、注意すべき点をいくつか挙げていく。まずは工法上の配慮だ。外周壁は面材耐力壁とすることだ。筋かいを配置すると断熱欠損を生じさせ、施工難易度を高めてしまう。

次に製品の選定だ。グラスウールにはさまざまな密度の製品があるが、性能とコストの費用対効果が最も高いのは高性能グラスウール16K品になる。昨今は16Kより高密度で性能の高い製品もあるが、充填する際に石膏ボードが押されて施工しにくいことが多いので注意が必要だ。

気密化にも配慮が必要だ。グラスウールの上から施工する防湿気密シートは0.2mm厚と厚手で丈夫な製品が望ましい。気密施工に際しては、コンセント回りや貫通部などに関しても丁寧な施工をする。また、夏型の逆転結露対策を考慮する場合は調湿気密シートを採用するとよい。

コンセントボックス周辺は
気密カバーで気密性を確保

防湿気密シートは
0.2mm厚と厚手の製品を使用

高性能グラスウール16Kで屋根と壁の断熱を行った事例

METHOD
22

現場発泡ウレタンでも
防湿層が必要な場合がある

Point
1
現場発泡ウレタンでも施工のバラツキはあり、
グラスウールより気密性能が出ないことも
<<←

Point
2
100倍発泡品でも透湿抵抗値は商品により異なり、
防湿シートが必要になる場合も
>>>

Point
3
冬の日照が少なく湿度が高いエリアでは
外側に面材を使う限り防湿シートは必須
<<←

昨 今、猛烈な勢いで現場発泡ウレタンの採用が増えている。アク
アフォームという製品だけでも、年間4万戸を超えていると言
われる。

これまで現場発泡ウレタンは、RC造で使われる高価で高性能な30
倍発泡品しかなかった。そこに木造住宅用として、安価で性能もほど
よい100倍発泡品が出てきた。100倍発泡品は価格も比較的安く、責
任施工で管理が容易だ。なにより断熱施工だけで一定の気密性能が出
せるため一気に普及した。

100倍発泡品の売りは施工性だが、施工者によるバラツキがある。
丁寧に施工されたグラスウールと雑な施工の100倍発泡品の気密性能

を比較した場合、前者が勝ることは珍しくない。

　100倍発泡品の営業マンは防湿気密シートを用いずに高気密化できることを強調するが、最も厳しい条件で結露計算をすると、防湿気密シートがないと結露するという結果になりやすい。メーカー本部では地域によっては防湿気密シートの採用を指示しているが、施工者や営業マンは売るためにそれを無視するケースもあるようだ。

　なお、同じ100倍発泡品でも透湿抵抗値は商品によって倍以上の開きがある。製品選択で防湿気密シートの要否が分かれる地域は少なくないので注意が必要だ。

　いずれにせよ東北や甲信越、日本海側などの寒冷地、もしくは冬の日照が少なく湿気が多いエリアで外側に構造用面材を張る場合、防湿気密シートは必須となる（**図1・2**）。

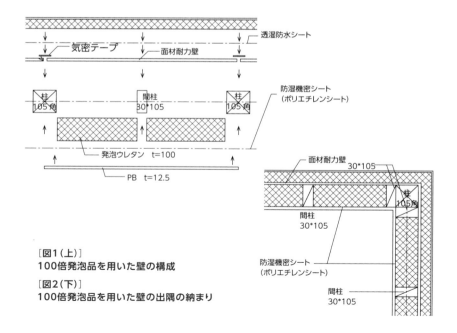

［図1（上）］
100倍発泡品を用いた壁の構成
［図2（下）］
100倍発泡品を用いた壁の出隅の納まり

METHOD

23

湿式外張り断熱は
コスパの高い付加断熱工法

Point
① EPS（発泡スチロール）に左官材を塗る
湿式外張り断熱工法は日本で10年以上の実績がある ‹‹‹

Point
② EPSは軽量でずり落ちの心配がなく
50㎜厚までは窓の納まりも通常と変わらない ››››

Point
③ 直張りなので長期優良住宅の認定をとるには
土台と1階柱をK3処理する必要がある ‹‹‹

昨　今、付加断熱工法の採用が全国的に進んでいる。よく見かける
のが、ポリスチレンフォームなどを外張りし、窯業系サイディ
ングで仕上げる工法だ。この工法は断熱材が高価で外壁の出幅が大き
くなるのが普及のネックだ。

　これより安価なのが、EPS（発泡スチロール）の上に直接左官材を
塗り込める湿式外張り断熱工法だ。欧米では一般的な工法で、日本で
も10年以上の実績がある。約3年前からこの工法に価格破壊が起こり
始め、今では年間100棟規模の工務店も採用している。

　この工法の利点だが、まずはEPSが軽量でずり落ちの心配がないこ
と。EPS50㎜厚までは窓の納まりも一般的な充填断熱と変わらない。

透湿防水シートの上からEPSを
張った出隅の様子

外壁の厚さも空気層を備えた窯業系サイディング張りと同程度だ。左官仕上げなので高級感があり、窯業系サイディングとは明確に差別化できるという営業上の利点もある。そしてEPSは安価なのでコストは通常の左官仕上げと変わらない。仕上げに用いる左官材にもよるが、年数が経過しても外壁の汚れが目立たないのも利点だ。デメリットは火事になった際に窯業系サイディングやモルタル外壁より燃えやすいことだ。

設計上の制約としては、直張りで通気層がないので長期優良住宅の認定を取る際に土台と1階柱を薬剤注入処理（K3処理）する必要があることと、防火構造とする場合に壁内の断熱材や構造用面材などに制約があることだ。

EPSを外壁全面に張った状態

[図] 湿式外張り断熱工法の構成

Ⓐ エコサームボード（断熱材）

Ⓑ スタイロボンドB（ベースコート）

Ⓒ スタンダードメッシュ（ガラスメッシュ）

Ⓓ ワッシャー・ビス

Ⓔ ベネトレイティングプライマー
　　（仕上げ材用プライマー）

Ⓕ テラコートSIL（フィニッシュコート）

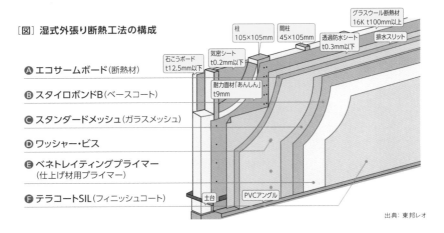

出典：東邦レオ

METHOD
24

コスパなら屋根断熱よりも天井断熱が有利

Point
1
断熱厚を増やすことが容易で、空調容積が減るという観点からも天井断熱が優れる

〈〈←

Point
2
屋根断熱の利点は空間の有効利用。一方で断熱厚の確保や結露対策など注意点が多い

〉〉〉

Point
3
屋根断熱は屋根合板（野地板）を長期にわたって腐らせないようにすることが重要

〈〈←

　ここからは部位別に断熱工法の選定のポイントを見ていく。筆者は「天井断熱と屋根断熱どっちがよいか」とよく質問される。これに対しては以下のように答えている。

　断熱性能を高めるための費用対効果で見た場合、断熱厚を増やすことが容易で、空調容積が減るという観点からも天井断熱のほうが優れる。さらに後述する野地板の耐久性の観点からも天井断熱のほうがリスクは低い。

　屋根断熱のメリットは空間の有効利用に尽きる。2階空間を楽しむ設計ができ、小屋裏収納もつくれる。そのため小屋裏に冷房専用のエアコンを設置する、小屋裏エアコン方式が採用しやすい。

屋根断熱は技術的な難易度が高く、注意点のほうが多い。断熱厚を増すには二重垂木の設置などが必要となるのでコストが嵩む。結露対策も天井断熱よりも慎重に行う必要がある。

特に注意したいのが屋根合板（野地板）を長期にわたって腐らせないようにすることだ。合板と断熱材の間には何らかのかたちで空気層を確保している事例が多いが、実際に問題になるのは合板とゴムアス系ルーフィングの間の部分になる。この部分に結露や漏水が発生したときの腐食対策がなされていることが重要になる。ルーフィングの代わりに水蒸気を通す透湿系ルーフィングを用いて、その上部に水蒸気を放出する隙間（通気層）を設けることが重要だ（**図1・2**）。

なお、棟部分の通気金物も中央部だけでは通気のための開口が足りないことが最近の研究で明らかになっている。棟全体（外壁の端から端まで）に通気金物を設置することが必要である。

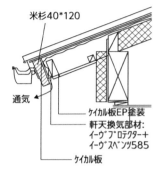

[図1] 屋根断熱の軒先の納まり

米杉40*120

通気

ケイカル板EP塗装
軒天換気部材:
イーヴ゛プ゛ロテクター＋
イーヴ゛スペ゛ンツ585

ケイカル板

注　木部：キシラデ゛コール2回塗り

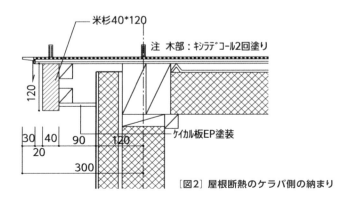

米杉40*120

注　木部：キシラデ゛コール2回塗り

120

ケイカル板EP塗装

30　40　90　120
20
300

[図2] 屋根断熱のケラバ側の納まり

25

屋根断熱は厚みを確保する
工夫が必要

Point
① 屋根断熱に繊維系断熱材を用いる場合は
二重垂木などで200㎜以上の厚みを確保する

〈〈〈

Point
② 発泡プラ系断熱材は厚みが繊維系の半分で済むが
材料費はグラスウールの3倍以上

〉〉〉

Point
③ 現場発泡ウレタンも1回で施工できる厚みは約80㎜。
最低でも2回の吹き付けが必要になる

〈〈〈

METHOD24に引き続き、屋根断熱の技術的な課題について解説する。屋根断熱と比較される天井断熱の場合、断熱性能を高めるのは難しくない。基本的には断熱材の厚みを増せばよい。天井には十分な高さがあり、施工もしやすい。厚みを増すための部材や作業も発生しないので、コストもそれほど増えない。

　一方、屋根断熱の断熱性能を高めるには、さまざまな難しさがある。グラスウールなどの繊維系断熱材は安価だが、高断熱化する場合には少なくとも200㎜厚程度が必要となってくる。垂木のせいだけでは断熱材の厚みを吸収できないので、二重垂木もしくは垂木に対して垂直に横桟を打つなどの対策が必要となる。

フェノールフォームなどの断熱性能が高い発泡プラスチック系の製品を使う場合、繊維系断熱材の半分近くに厚みを抑えることができるので、垂木の問題は解消しやすくなる。その代わり材料費がグラスウールの3倍以上は掛かる。

　現場発泡ウレタン（100倍発泡品）を吹き付ける場合、1回で施工できる厚みは80㎜くらいまでだ。必要な厚みを確保するには2回以上吹き付けることが必要となる。そのためコストと工期の両方で不利になる。

　なお、屋根断熱に繊維系断熱材もしくは100倍発泡品を使う場合、結露を防止するために断熱材と屋根合板の間に空気層をつくる必要がある。そのための部材も必要となる。

　このように屋根断熱は、どの断熱材を採用してもコストや手間が掛かってくる。

屋根断熱の厚みを増すために二重垂木を設けた例

2重垂木に高性能グラスウールを充填した例

現場発泡ウレタンを屋根断熱に用いた事例

現場発泡ウレタンは一度に厚みを付け過ぎないように注意する

気密性能を高めるなら
基礎断熱が圧倒的に有利

Point
①
床の気密化は気密シートで床を覆うか、
土台と合板の間に気密テープを施工する

<<←

Point
②
床には柱や給排水管、床下点検口など
多数の貫通部があるため、その隙間を丁寧に塞ぐ

>>>

Point
③
床断熱は土台と大引が大きな熱橋となり、
床が冷たくなりやすい

<<←

部位ごとの断熱工法では、床断熱と基礎断熱も比較対象になる。筆者は「C値1が切れない」という相談を工務店からよく受ける。多くの場合、床断熱を採用し、床面に気密施工を施していないのが原因だ。なぜか大半の実務者が気密施工は壁と天井に行うもので、床に必要だとは思っていない。

床断熱における気密化の方法は2つある。1つは気密シートで床面を覆う方式、もう1つは土台と合板の間に気密テープを施工する方法だ。前者は特に難易度が高い。床には柱や給排水管、床下点検口など多数の貫通部があるためだ。これらの周辺の隙間をテープなどで丁寧に塞ぐ必要がある。

床面を気密化したとしても、床断熱は床面の温度が低くなりやすい。大引が熱橋となり、床下の冷気を伝えるためだ。また床断熱は「風呂場が寒い」というクレームも多い。ユニットバスの床面は断熱をしていないので、その直下に冷気が流れ込むと冷やされて温度が下がるためだ。これを防ぐためにユニットバス部分だけを基礎断熱とし、点検できるように一部の断熱材を取り外し可能とするのがセオリーだが、これをやっていないと前述のクレームが生じる。

　これらを勘案すると基礎断熱が有利だ。気密化は外周部の基礎と土台の間に気密パッキンを敷き込むだけで済み、大引が熱橋となったり、ユニットバスが冷やされるという問題もない。また竣工1年目を除くと、床下の結露リスクは基礎断熱のほうが生涯にわたって低いことが研究から明らかになっている。ただし、足元の冷たさは基礎断熱にするだけでは解消されず、床下エアコン暖房の使用が前提となる。なお、別の観点になるが、シロアリ対策に関しては、床断熱＞基礎内断熱＞基礎外断熱の順に有利になる。

［図］**基礎断熱における気密化の方法**

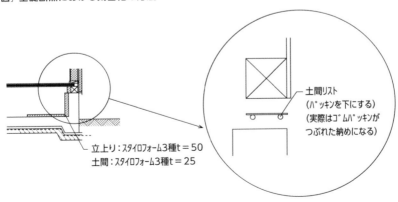

立上り：スタイロフォーム3種t＝50
土間：スタイロフォーム3種t＝25

土間リスト
（パッキンを下にする）
（実際はゴムパッキンが
つぶれた納めになる）

床断熱は熱橋を減らす
工夫が必須

Point
1
床断熱の場合、冬は床下に流れ込む冷気の影響で
大引部分が熱橋になる

>>>

Point
2
夏は冷房で厚合板や大引が冷やされ、
床下を流れる高湿の外気がそこに触れて結露する

>>>

Point
3
下地合板の上に大引とずらして根太を敷き、
根太間に断熱材を充填して熱橋を解消

>>>

METHOD26で触れたように、床断熱の弱点の1つが大引が熱橋になることだ。冬にサーモグラフィーで確認すると大引は真っ青に映る。床下には冷たい外気が流れ込んでいる。そうした環境で大引が露出しているのだから当然だ。

床下の大引は夏には結露のリスクもある。昨今の日本の夏は蒸し暑く、大半の住宅で冷房をする。冷気は重いので床に溜まる。その冷気はフローリングや下地の厚合板、大引を冷やす。それらの直下には高湿の外気が流れており、冷えた合板や大引に当たる。当然ながらそれらの表面には結露が発生しやすくなる。

このような状況は、高性能な断熱材を厚めに入れても解消できない

ため、別途熱橋対策が必要になる。具体的には床の断熱材を二層構成にする。一般的に床断熱は大引間に板状の断熱材を充填し、その上部に厚合板とフローリングを張って仕上げる。その構成を変えて、下地合板の上に大引と直交する配置で根太を敷き、根太間にも断熱材を充填する。根太間の断熱材で大引を覆うことで熱橋の問題をかなり解消することができる（**図**）。

　床断熱にはもう1つ問題がある。LDKは暖かくしても水回りは寒いままとなりやすいのだ。これが基礎断熱であれば、床下エアコン暖房が採用できるので、最も寒さを感じやすく、ヒートショックを起しやすいトイレや脱衣室も暖かくできる。床断熱の場合、トイレや脱衣室の暖房対策を考える必要がある。

　また、床断熱は浴室下部のみ基礎断熱とすることが多い。このとき床下を点検するため床断熱部との境界に人通口を設ける。この部分は気密を確保しつつ断熱材を取り外し可能なかたちで設置する。この施工がいい加減だと浴室の床が無断熱状態となる。床断熱で意図通りの性能を出すには技術と施工管理が必要だ。

［**図**］**熱橋に配慮した床断熱の構成**

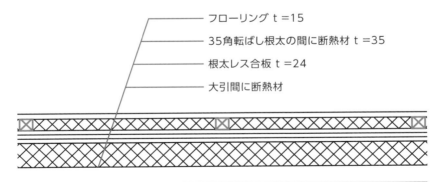

フローリング t =15

35角転ばし根太の間に断熱材 t =35

根太レス合板 t =24

大引間に断熱材

METHOD
28

基礎断熱を採用するなら
シロアリ対策は必須

薬剤処理を含めてどのような対策をしても
温暖地においては基礎外断熱は厳禁

<<←

Point
②
基礎内断熱は基礎上部分の断熱材を外して
点検できるような配慮がほしい

>>>

Point
③
10年保証をうたう防蟻処理断熱材も
実験室では食害に見舞われている

<<←

床断熱と基礎断熱の比較項目の1つがシロアリ対策だ。シロアリに対する安全率で断熱工法を比較すると、床断熱>基礎内断熱>基礎外断熱となる。筆者は5年ほど某大手防蟻薬剤メーカーに技術指導を行っており、上記はそこで得た知見による評価だ。

　その会社の防蟻薬剤は大手住宅メーカーの標準仕様になっており、どのような施工をすればどのくらいの確率でシロアリが発生するという統計的なデータを大量に所持していた。またシロアリ培養室を無休状態で稼働させており、薬剤処理された断熱材のシロアリ耐性も実験していた。その会社で見聞きした内容は以下の通りだ。

　・シロアリ対策に絶対はない。被害を受けたときのために点検、対策

がしやすい構造にしておく

・薬剤処理を含めてどのような対策をしても基礎外断熱は厳禁（シロ
　アリは0.6mmの隙間があると侵入する。金属板による蟻返しで対処
　する場合、隙間を0.6mm未満に抑える必要があるが、筆者には自信
　がない）

・基礎内断熱は基礎上部分の断熱材を外して点検できるような配慮が
　必須

・10年保証をうたう防蟻処理断熱材も実験室では見事に食われてい
　た（10年保証がついていたとしても家の使用期間は10年をはるか
　に超える）

・住宅メーカーの10年後のシロアリ被害発生率は0.04%、工務店は
　2〜4%と50〜100倍もの差がある（主に配管貫通部など細部の処
　理の差による）

　上記の事実より、筆者は基礎外断熱を採用していない。なお、断熱
効果や基礎内側表面の結露防止の観点からは基礎外断熱が望ましい。
要するに断熱の観点と防蟻の観点では理想が完全に相反しているのだ。

基礎外断熱のシロアリ被害の例

シロアリの生息地では基礎内断熱が望ましい

METHOD

29

基礎内断熱に
100倍発泡品は厳禁

Point
①
基礎内断熱に100倍発泡品を用いるのは厳禁

<<<

Point
②
100倍発泡品を床下から吹き付けると
気密化が確実に達成できる

>>>

Point
③
100倍発泡品を床下から吹き付ける場合、
換気を確保して休憩をしっかり取る

<<<

基礎内断熱に現場発泡ウレタンの100倍発泡品を用いている工務店をたまに見かける。この方法で基礎内断熱を行うと、竣工後1年で断熱材が水分を含んでビショビショになってしまう。原因は基礎コンクリートから放出される大量の余剰水だ。

断熱材が水分を含むと断熱性能を損なうだけでなく、カビが発生するリスクも高くなる。基礎内断熱に100倍発泡品を用いるのは絶対にやってはならない組み合わせである。どうしても現場発泡ウレタンで基礎内断熱をやりたい場合、材料費が高くなるが、吸水性のない30倍発泡品を使う必要がある。

現場発泡ウレタンを床断熱に用いることもある。職人が床下に潜っ

て下から吹き付けるやり方だ。床下で施工してくれる職人はそれほど
多くないが、床断熱の問題点である気密化は確実に達成できる。

　しかし、床下から吹き付けるやり方は作業条件が過酷であり、数年
前には死者も出ている。慎重に検討して採用の可否を決め、実施する
場合は施工時に換気を行い、適度に休憩を取るなど、職人の安全に配
慮する必要がある。また、シロアリへの配慮も必要だ。

　最近増えてきているのが、壁の充填断熱に100倍発泡品を用いて付
加断熱と組み合わせるやり方だ。この場合、建築主事によっては、壁
に張られる構造用面材が合板だと防火構造とみなされないことがある。
その場合、ダイライトやモイスなどの防火認定が取れた無機系面材を
使う必要があり、コストアップの要因になる。

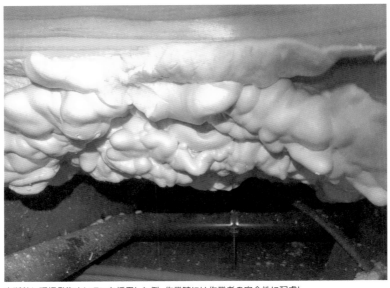

床断熱に現場発泡ウレタンを採用した例。作業時には作業者の安全性に配慮し、
適宜休憩を取り、換気にも注意する

METHOD
30

基礎底盤下の断熱材は
効果はあるがもとは取れない

Point
①
**高断熱住宅において基礎から逃げる熱量は
ほかの部位より小さい**

>‹‹←

Point
②
**床下エアコン暖房を採用した場合、
基礎から熱損失は大きくなる**

→››

Point
③
**想定居住年数でコスト増を回収できる場合、
底盤下に断熱材を入れる**

>‹‹←

基礎断熱を採用する場合、ベタ基礎の底盤下に断熱材を入れるか
どうかが議論になる。

理屈でいうと、断熱性能は高ければ高いほどよいが、現実的には
「居住想定年数に掛かるイニシャルコスト＋ランニングコスト」を算
出して費用対効果を判断するのが筆者のやり方だ。居住想定年数が長
いほど断熱性能を高めると有利に働く。

高断熱化を図る場合、部位や断熱材の種類、厚みなどを複数の仕様
で比較し、費用対効果が高い順に採用する。加えて熱的に弱いところ
を強化する。その両面において最上位にくるのが窓だ。

では、費用対効果から見てベタ基礎の底盤下の断熱材は入れるべき

か否か。高断熱住宅において、基礎から地中に逃げる熱量はほかの部位より小さい。次世代省エネルギー基準レベルを超える住宅の場合はなおさらだ。

　一方で熱損失は温度差が大きいほど大きくなる。そのため、床下エアコン暖房を採用した住宅の場合、基礎から地中に逃げる熱量は床下を暖めない住宅より大きくなる。実際、床下エアコン暖房を採用した住宅では、基礎下に断熱材を敷き込むケースが散見される。この場合、押し出し法ポリスチレンフォーム50㎜厚以上が採用されることが多く、費用も嵩む。

　最終的には断熱施工の材工費用と削減できる暖房費用を比較し、費用対効果で採用の可否を決定する。

　この計算は非常に難しいが、最も信ぴょう性が高いと思われる建築環境・省エネルギー機構が発行する「住宅の省エネルギー基準の解説」の計算式をもとに下記に計算してみる。土の熱伝導率や基礎の温度差は実際よりも厳しい条件で見ている。あくまで概算だが、もとを取るのはかなり難しいことが分かる。

〈ベタ基礎下の断熱材の費用対効果の検証〉

Step1 ≫≫ ベタ基礎下無断熱、床下エアコンありの場合の熱損失

◎ 基礎中央部（外壁壁芯から1mの床周辺部を除いた部分）の
　熱貫流率の計算式：0.022 + 0.054 × 土の熱伝導率(W/mK)

◎ 土の熱伝導率：0.58〜1.74W/mK（今回は国際的な標準値の1.5W/mKで計算）

◎ 国のモデルプラン：ベタ基礎中央部の面積は約42㎡

◎ 基礎の温度：基礎下約14℃、基礎直上部約23℃（スラブの上下温度差は9℃）

まず基礎中央部の熱貫流率を計算する
0.022 + 0.054 × 1.5 = 0.103W/㎡K

次に基礎中央部の熱損失を計算する

0.103W/㎡K × 42㎡ × 9K = 38.93W

Step2 ››› ベタ基礎下にスタイロフォーム50mm厚敷設で改善する熱量

◎ スタイロフォームの熱貫流率：無断熱の1/20

まず改善する1時間当たりの熱量を計算する

38.93W × 0.95 = 37W

次に暖房期間の5カ月で改善する熱量を計算する

37W × 24h × 30日 × 5カ月 = 133200W

Step3 ››› スタイロフォーム敷設のコストの回収期間を計算

◎ 電気の単価：28円/kWh

◎ 暖房の条件：エアコンをCOP3で稼働

◎ スタイロフォームの施工費：17万円

まず年間消費電力の差を計算する

133200W ÷ 1000 ÷ 3 = 44.4kWh

次に年間の電気代を計算する

44.4kkWh × 28円/kWh = 1243円

さらに回収期間を計算する

170000 ÷ 1243 ≒ 137年

［図］床下エアコンとスラブ下の断熱材を採用した例

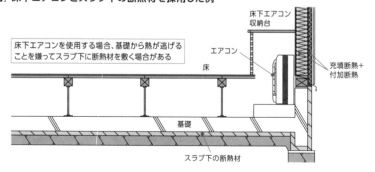

床下エアコンを使用する場合、基礎から熱が逃げることを嫌ってスラブ下に断熱材を敷く場合がある

床下エアコン収納台
エアコン
充填断熱＋付加断熱
床
基礎
スラブ下の断熱材

第 3 章

窓に必要な性能を
どのように満たすか

窓の良し悪しは住まいの快適性や省エネルギー性を左右します。
夏涼しく、冬暖かい住まいに必要な窓の性能や
地域・方位別の窓の使い分けを解説します。

THE BASICS OF
ECO-HOUSE DESIGN

窓はU値を確認して
性能の高いものを選択する

Point
① 窓からの熱損失は48％と大きいため
高断熱化に際しては窓の高性能化を最優先する

《《←

Point
② ドイツの基準で最低レベルの窓が
日本では最高レベルになる

》》》

Point
③ 世界には窓のU値の最低基準がある国が多いが、
日本には存在しない

《《←

　高断熱化を図る場合、熱が逃げやすい部位から性能を高めていくのがセオリーだ。部位ごとに熱損失を見ると、窓からの熱損失は48％に上り、次点の外壁19％、3位の換気17％と比べても圧倒的に大きい。高断熱化を図る場合、窓の高性能化を最優先すべきだ。

　窓の性能で最も重要なのは「熱貫流率（U値）」だ。諸外国では枠とガラスを別々に計算するため、開き勝手や大きさごとに異なるU値が表示される。

　日本の場合、一部の性能の高い商品を除いて、サッシやガラスの組み合わせによる大まかな分類に基づき、商品ごとに「U値2.33以下」「U値3.49以下」といった粗い分類で一括りにされている。実際には

バラツキが存在し、2.33以下とうたわれていてもそれより悪い製品もある。

　世界の多くの国には窓のU値の最低基準が存在する（**表**）。ドイツでは日本の最高レベルの窓（U値2.33）の倍の性能が最低レベルだ。U値基準があるのはヨーロッパだけではない。韓国ではエコフレンドリーハウスの窓の基準としてU値1.6が定められている（**図1**）。**図2**は中国の基準だ。中国の最低基準を満たすには日本の2大メーカーの最高レベルの商品が必要になる。（U値2.0）。

　一方、日本には窓のU値の最低基準が存在しない。そして平成28年省エネルギー基準に示されている窓のU値の推奨レベルが非常に低い。実際、新築住宅において窓の6割がU値3.49というレベルだと言われている。

［表］ヨーロッパ各国の窓の熱貫流（U値）の最低基準

country	フィンランド	ドイツ	デンマーク	チェコ	オーストリア
Energy-pass					
Uw	1.0	1.3	1.5	1.7	1.7（住宅：1.4）

country	イギリス	ハンガリー	フランス	イタリア	スペイン
Energy-pass					
Uw	1.8	2.0	2.6（住宅：2.1）	2.0 - 4.6	2.1 - 2.8（2014）

テクノフォルムバウテックジャパンの資料を一部加工

［図1］韓国における窓の断熱基準

Insulation of Windows in KR 2012
窓の熱貫流率：Uw要求性能（韓国）

窓断熱性能ラベルの表示義務 (2012)

Grade	断熱性 Uw (KSF 2278)	気密性 (KSF 2292)
1	< 1.0 W/m²K	1st grade (< 1 m³/hm³)
2	1.0 ～ 1.4 W/m2K	2nd grade (< 2 m³/hm³)
3	1.4 ～ 2.1 W/m2K	2nd grade (< 2 m³/hm³)
4	2.1 ～ 2.8 W/m2K	not covered
5	2.8 ～ 3.4 W/m2K	not covered

窓断熱性能基準・表示不履行に対する罰則規定あり

断熱等級：
Uw < 1.0 (等級1) － Uw < 3.4 (等級5)

25) 쌀 세트

Eco-friendly House Standard and performance

Area	Over 60 m²	Below 60 m²
Middle Zone	< 1.4 W/m²K	< 1.7 W/m²K
South Zone	< 1.6 W/m²K	< 2.1 W/m²K
Jeju Island	< 2.0 W/m²K	< 2.5 W/m²K

<Notification of the Ministry of Land, Transport and Maritime Affairs>

［図2］中国における窓の断熱基準

Uw requirement in China
窓断熱性能基準（中国）

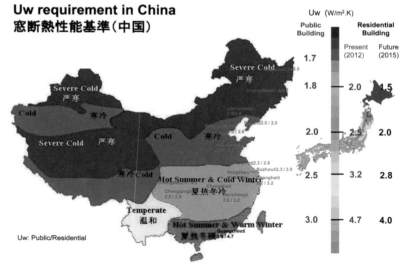

図1・2ともにテクノフォルムバウテックジャパンの資料を一部加工

METHOD
32

窓には真冬でも
結露しない性能が必要

Point
1
窓に必要な性能は、健康で快適な温湿度条件で
結露しない表面温度を保てること

⟨⟨⟨

Point
2
上記を満たすには室温20℃、湿度50％のときに
下枠部が9.3℃以上を保てること

⟩⟩⟩

Point
3
窓の部材のうちサッシ下枠が最も表面温度が低い。
アルミ樹脂複合サッシだと結露する

⟨⟨⟨

高 断熱化するにあたって、窓のU値はどのくらいにすべきだろうか。2つの観点から検証する。まずは窓の表面温度だ。ドイツのパッシブハウス研究所は窓全体の平均温度17℃以上という目安を示しているが、**表**のようにこれはかなり厳しい。室温20℃、外気温0℃でこの状態を保つには、窓全体のU値が1.15程度は必要になる（**図**）。

次に健康で快適な温湿度のときに窓が結露しないことだ。この観点から上記の17℃に室温20℃湿度50％という条件が加わる。この条件で結露しないようにするには表面温度は10℃（露点温度9.3℃）を保つ必要がある。

窓を細かく見たときに、表面温度が最も低くなるのがサッシの下枠

だ。ガラスをアルゴンガス入りLow-Eペアガラスなどに高性能化して
も、**表**のようにアルミ樹脂複合サッシやアルミサッシである限り表面
温度は露点以下となり、結露は止まらない。

　水蒸気は水蒸気圧の高い方から低い方へ移動しようとする。窓近辺
の水蒸気は結露して水蒸気が少なくなると、窓から遠い部分の水蒸気
が引き寄せられるように移動する。人間が室内で生活している限り水
蒸気は供給され続けるため、結露は続く。

　窓が結露するということは、窓が除湿機になっているということだ。
一方で健康上、理想的な湿度を保つため冬には加湿が欠かせない。窓
の性能が低いために、冬になると日本の多くの住宅では、加湿しなが
ら除湿するといった矛盾に満ちたことが行われている。

［図］窓の表面温度とU値の関係

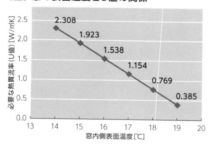

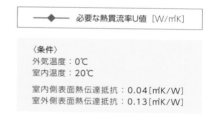

必要な熱貫流率U値　[W/㎡K]

〈条件〉
外気温度：0℃
室内温度：20℃

室内側表面熱伝達抵抗：0.04[㎡K/W]
室外側表面熱伝達抵抗：0.13[㎡K/W]

［表］断熱材と窓の性能比較

仕様	室内側表面温度(℃)	熱貫流率	HGW16K相当厚さ(mm)
HGW16K充填断熱200mm	19.6	0.29	―
HGW16K充填断熱100mm	19.2	0.39	―
充填断熱柱熱橋部(120角)	18.4	0.75	46.9
充填断熱柱熱橋部(105角)	18.3	0.83	42.4
窓表面目標温度(高レベル)	18.0	0.97	39
窓表面目標温度(中レベル)	17.0	1.15	33
窓表面目標温度(低レベル)	16.0	1.54	24
樹脂枠 + Low-Eペア	13.9	2.33	16
樹脂アルミ枠 + Low-Eペア	12.4	2.91	13
樹脂アルミ枠 + フロートペア	10.9	3.49	10

東西北面は25.2万円から30.3万円に上がるだけで済む。一方、南面は59.4万円から118.8万円と2倍になる。

　ここまでは断熱＝熱損失の話だが、日射取得も考慮するとどうだろうか。東西北面は日射取得の低減を加味してもトリプルガラスのほうが暖房負荷は低くなる。寒冷地や日本海側の南面も同じだ。ただし、日当たりのよい温暖地の南面では、日射取得率に勝るペアガラスのほうが暖房負荷は低くなる場合がある（表）。

　ただし、快適性（暖かさ）を重視するなら温暖地の南面もトリプルガラスにした方がよい。大半の家庭は熱損失の大きい朝と夜に家にいるので、そのときの快適性はトリプルガラスが勝るためだ。

　結論はこうだ。東西北面の小窓はトリプルガラスが有利だ。南面の大窓は暖房負荷を計算した上で光熱費を重視するか、快適性を重視するかで最適解が異なる。

［表］日射取得率表

	ペアガラス	トリプルガラス
断熱Low-E	0.45程度	0.41程度
遮熱Low-E	0.3程度	0.22程度

東西北面の窓を必要最小限に留めた住宅。窓は樹脂サッシとトリプルガラスの組み合わせ

METHOD
36

断熱ブラインドを付けると
U値が劇的に改善する

Point
1
ハニカムブラインドは空気層をもたせて
窓の断熱性能高める製品

《←

Point
2
ペアガラスの窓にハニカムブラインドを付けると
トリプルガラスの窓と同等の性能に

》》》

Point
3
ハニカムブラインドは効果が高いので
最低でも南側の大窓には使いたい

《←

METHOD35で述べたように、南面の大きな窓にトリプルガラスを採用するとコストの上り幅が大きい。またペアガラスは日射取得率が高いため、日射の多い地域であればペアガラスのほうが暖房負荷が低くなる場合がある。

とはいえ日没後の熱損失はトリプルガラスより大きくなるので、窓辺の暖かさは損なわれる。それを補填するのがハニカムブラインドだ。ハニカムブラインドとは、プリーツスクリーンを二重（三重）にして空気層を一層（二層）設け、窓の断熱性能を向上させる製品だ。

これを設置すると「アルミサッシ+シングルガラス」というU値6.5という極めて性能の悪い窓でもU値2.4程度まで向上する（**表**）。価格

も製品によってはカーテンと大して変わらない。

　では「樹脂サッシ+ペアガラス」の窓にハニカムブラインドを付けるとどうなるか。「樹脂サッシ+ペアガラス」の熱貫流率1.5W/㎡K。熱抵抗値は0.667㎡kWとなる。一方、ハニカムブラインドの熱貫流率は3.8W/㎡K程度なので、逆数で

断熱ブラインドの断面は
中空になっている

ある熱抵抗値に変換すると1÷3.8＝0.263㎡kWとなる。2つの熱抵抗値を足すと0.93㎡kWとなる。この熱貫流率は1.075W/㎡Kとなり、数値上は「樹脂サッシ+トリプルガラス」の窓と同等の性能になる。

写真の左手の大きな窓に断熱ブラインドを
設けている

　このようにハニカムブラインドは夜間の断熱性能を高める効果が高いため最低でも南側の大窓には使いたい。現に一条工務店は樹脂サッシ+トリプルガラスとこの製品の組み合わせを標準にしている。ただし、公的な融資や補助金などの申請に用いるUA値などにはこの製品は組み込めない。また結露のリスクが増すことには注意が必要だ。

[表] ハニカムブラインドを用いた日射取得率

	サッシ単体	サッシ単体+ 空気層25mm S	サッシ単体+ 空気層38mm S	サッシ単体+ 空気層45mm S	サッシ単体+ 空気層45mm W
樹脂サッシトリプルガラス	1.24	0.95	0.94	0.93	0.88
樹脂サッシペア Low-E アルゴンガス	2.00	1.33	1.32	1.30	1.20
樹脂サッシペア Low-E	2.33	1.47	1.46	1.43	1.31
樹脂サッシペアガラス	2.91	1.68	1.66	1.62	1.47
樹脂アルミサッシペアガラス	3.49	1.86	1.84	1.79	1.61
アルミ樹脂複合ペアガラス	4.07	2.01	1.99	1.93	1.72
アルミペアガラス	4.65	2.14	2.12	2.05	1.82
アルミシングルガラス	6.51	2.46	2.43	2.35	2.04

出典: PVソーラハウス協会

37

シャッターには
断熱性能を増す効果もある

Point
① Uw値2.3の窓でシャッターを閉じると、
Uw値1.5程度に向上する

Point
② シャッターを閉じると窓との間に静止空気層ができ、
断熱性能を高めてくれる

Point
③ 日本海側や東北、標高の高い地域など
冬に寒い地域はシャッターが有効に働く

窓 回りに取り付ける部材にはシャッターもある。国の基準や窓メーカーのカタログでは、シャッターの断熱性能は一切評価されないが、実際にはUw値2.3の窓でシャッターを閉じると、Uw値1.5程度に向上する。シャッター自体は断熱性能が低い金属製だが、窓との間に静止空気層のような空間ができるため、断熱性能を高める効果が得られるためだ。この効果は非常に大きい。

特に風が強い日はシャッターが有効に働く。広場の真ん中で吹きさらしになっているときと、大きな衝立の背後にいるときでは体感温度が違うというのは誰しも分かるだろう。シャッターを閉じることで、窓に同様の効果をもたらすことができる。

強い風は夏より冬に吹くことが多い。さらに日本海側や東北、標高の高い地域などは風が強いところが多い。冬に寒い地域ほどシャッターは有効に働く。

　ただし、寒冷地ではあまりシャッターを付けないようだ。筆者の経験では東北地方は北へ行くほどシャッターの採用率が激減する。外気温が氷点下のときに窓を開けてシャッターを開閉する気になれないこと、都会に比べて防犯意識が低いことが主な理由のようだ。前者については電動シャッターにすれば解決できるが、製品が高価なので採用されづらい。

　逆に大きな台風を経験した地域では、飛来物でガラスが割れるなどの体験をしているので、シャッターの採用に積極的だ。1階だけでなく、2階の大窓にも設置を希望する建て主が増えている。

　このようにシャッターは地域によっては非常に有効だ。サッシメーカーは設置率を高める余地があると見ており、密集地での拡販や寒冷地への開拓に熱心に取り組んでいる。

シャッターを採用した建物の外観。
台風時の飛来物対策としても有効

シャッターを付けた窓の例。
視線制御の効果もある

METHOD

38
シェードがあると配置の自由度が増す

Point
1
シェードを用いると庇が効かない時間帯の日射を防げるので配置の自由度が増す
‹‹←

Point
2
シェードを用いると庇代わりの持ち出しバルコニーにこだわる必要がなくなる
›››

Point
3
シェードを用いると庇では難しい9月の日射遮蔽や3月の日射取得が調整できる
‹‹←

夏は窓回りに日射を防ぐ部材が必要になる。一般的にはカーテンやブラインドを取り付けるが、内部に付ける日射遮蔽措置は、日射熱を約40%しか遮れない。一方、外部の日射遮蔽措置は約80%を遮れる。夏の日除けには非常に有効だ。外部の日射遮蔽措置のなかで、価格的に採用しやすいのが巻取り型の外付けシェードだ。

省エネルギー住宅の教科書には、建物は真南に向けるのが理想と書かれている。理由は2つある。1つは真南から振れるほど冬の日射取得が減っていくためだ。もう1つは夏場にも斜めから日射が差し込む時間帯が生じるので、庇の効果が弱まるためだ。

シェードを用いることで建物の配置に自由度が増す。南から建物を

振り、夏に庇が効かない時間帯が生じても、シェードで日射を遮ればよいからだ。筆者の場合、シェードを使うようになってから、建物の配置を南面に合わせて斜めに振る設計はほとんどしなくなった。同様にかつては南側1階の大窓の上部に出幅910mmの持ち出しバルコニーを付け、庇代わりにする設計をよく行っていたが、これもシェードで代用できるためやらなくなった。大半の住宅の2階は1階より狭いので、バルコニーが求められる場合、ルーフバルコニーを設ければよい。工事費も持ち出しのバルコニーより安価だ。

　シェードにはほかにも利点がある。3月は太陽高度が高くなってきているため庇を適切に設計しても約半分の日射が庇で遮られる。逆に9月はまだ暑いのに太陽高度が低くなっているので約半分の日射が庇より低い位置から入る。庇の代わりにシェードを用いれば、日射を取り入れることも遮蔽することも簡単だ（**図**）。なお、シェードは色により日射遮蔽率が異なる。日射遮蔽率80%以上の色を採用したい。

[図] 庇のジレンマ（3・9月の日射取得と日射遮蔽）

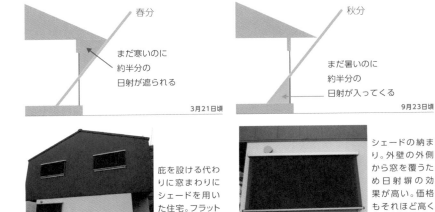

春分

まだ寒いのに
約半分の
日射が遮られる

3月21日頃

秋分

まだ暑いのに
約半分の
日射が入ってくる

9月23日頃

庇を設ける代わりに窓まわりにシェードを用いた住宅。フラットな印象の外観に仕上がる

シェードの納まり。外壁の外側から窓を覆うため日射塀の効果が高い。価格もそれほど高くないので採用しやすい

HEAT20 G2レベルの温熱環境とは？

　「HEAT20設計ガイドブック」（建築技術刊）には、G1（旧IV地域でQ値1.9相当）、G2（同1.6相当）の室温低下状況が示されている（**図1**）。暖房停止6時間後、G1は20℃から13℃、G2は15℃に低下する。

　現在、先進国の大半では最低室温規定が設けられており、その温度は18～20℃が大半であり、G2でも不足する。同書掲載の**図2**を見ると、早朝の台所の床の温度はG2で15.7℃だ。一般家庭では朝6時前後に起床する人が多く、この時間の台所の床の温度は満足度に大きく影響する。

　筆者の経験上、室温20℃で床17℃より床20℃で室温17℃の方が満足度は高い。また、床が21℃を超えると満足度が激的に変わる。

[図1] 断熱水準と夜間暖房停止後の室温低下（LD）　出典：「HEAT20 設計ガイドブック」

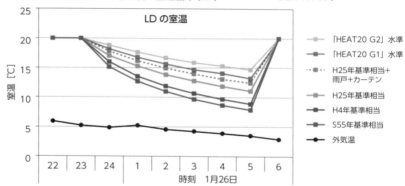

[図2] 断熱水準と朝5時の床表面温度（台所）　出典：「HEAT20 設計ガイドブック」

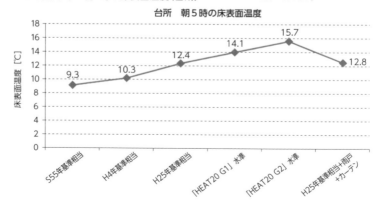

第4章

給湯や冷暖房の熱源を
どのように選ぶか

給湯や冷暖房の熱源の選び方で
省エネルギー性は大きく変わります。
主要な給湯と冷暖房機器について、
環境負荷と費用対効果の視点で評価していきます。

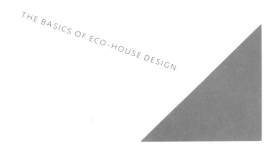

THE BASICS OF ECO-HOUSE DESIGN

39

電気、ガス、灯油は どう使い分けるか

① エアコンは実効COP3以上で運転できれば
最も安上がりな暖房機

<<←

Point

② 灯油が安価な時期はエアコンの高効率運転に匹敵し、
高価な時期は都市ガスに近い

>>>

Point

③ 暖房器具を費用対効果で比べると
エアコンか灯油によるFF式暖房機になる

<<←

住宅の省エネルギー化に際しては、エネルギー源の選択も大きく
関わる。

一般家庭で使っているエネルギー源は電気とガス、灯油の3つに絞
られる。灯油に関しては暖房と給湯以外の使い道はなく、ガスについ
てもそれらに調理と衣類乾燥機が加わる程度だ。つまり、3つのエネ
ルギー源の比較対象となるのは、暖房と給湯だけである。

暖房について比較したのが**表**だ。エアコンは実効COP3以上で運転
できれば最も安上がりだ。灯油は価格変動が大きい。安価に流通して
いる時期はエアコンの高効率運転に匹敵するくらい費用対効果が高い。
逆に高価な時期は都市ガスに近い金額になる。

このように暖房器具を費用対効果で比べると、エアコンか灯油によるFF（強制給排気）式暖房機になる。FF式暖房機は屋外に排気煙突を設置しており、燃焼時の有害物質を排気するが、水分も一緒に捨てることになる。そのためエアコン同様に加湿器が必須となる。

　夏に関しては、昨今の酷暑を踏まえると冷房としてのエアコンが必須だ。エアコンには暖房機能も備わっているので、これを使わずに灯油のFF式暖房機を設置するのはコストと場所の無駄になる。また太陽光発電や今後普及する可能性が高い蓄電池との相性を考えても、灯油のFF式暖房機を選択する合理性はほとんどないだろう。

　逆に絶対に採用してはならないのは、ガス暖房器具とヒートポンプを使わない電気暖房器具である。

　なお、給湯器の評価に関してはMETHOD40にまとめているので参照してほしい。

[表] 暖房器具の費用対効果の比較

順位	暖房器具	温風温度	風量 (㎥/h)	CO_2 排出量	水分 発生量	単価
1位	エアコン (実効COP=4)	40〜50℃	400	なし	なし	7円 (深夜3.3)円
2位	エアコン (実効COP=3)	40〜50℃	400	なし	なし	9.3円 (深夜4.3)円
2位	灯油ファンヒーター	120〜140℃	80	多い	並	7〜11円
3位	ガスファンヒーター (都市ガス)	約70℃	80	並	多い	13.3円
4位	エアコン (実効COP=2)	40〜50℃	400	なし	なし	14円 (深夜6.5)円
5位	電気ストーブ ホットカーペット オイルヒーター、コタツ等	輻射型の ため温風なし	なし	なし	なし	28円

　★　実効COP3以上で使わなければ意味がない

一次エネルギー消費量で
給湯器を比較する

Point
① 省エネルギー性ではエコジョーズ＋太陽熱給湯器と
エコワンがエコキュートを上回る

《＜←

Point
② エコワンとはエコキュートとエコジョーズの
ハイブリッド給湯器のこと

＞＞→

Point
③ エコキュートはイニシャル・ランニングコストは
最も安いが一次エネルギー消費量は3番目

《＜←

給 湯エネルギーは家庭のエネルギー消費量の3割を占める。給湯
の省エネルギーは給湯器の選択に尽きる。**表**は給湯器の一次エ
ネルギー消費量を概観する貴重な資料だが、原本は絶版になっている。

現在、客観的な給湯エネルギーを知るには国のウェブプログラム※
で比較するのが唯一の方法だ。給湯器の種類を選び、地域や高断熱浴
槽の有無などを入力して比較すると、**表**に近い結果が出る。

表を参考に給湯器の一次エネルギー消費量を比較してみる。まずは
「節湯」は「無」とする。そして「節湯型機器の有無」と「太陽熱温
水器の有無」を「無」として、該当する項目を見る。すると、従来型
ガス給湯器は22.2GJ、エコジョーズは18.6GJ、電気温水器は

※https://house.lowenergy.jp/

59.7GJ、エコキュートは16.7GJという結果となる。これはウェブプログラムとかなり近い数値だ。

　次に「太陽熱温水器の有無」を「有」として、エコジョーズと太陽熱温水器の組み合わせを見てみる。結果は13.6GJと一次エネルギー消費量をかなり抑えられる。

　現在は**表**の時代にはなかったエコワンという給湯器もある。これはエコキュートとエコジョーズのハイブリッド給湯器だ。この機器の一次エネルギー消費量はウェブプログラムより算出できる。結果は15.2GJとエコキュートを上回る。

　一次エネルギー消費量で見ると、エコジョーズ＋太陽熱温水器、エコワン、エコキュートの順に省エネルギー性が高い。ただし、エコキュートは定価80万円の製品が原価だと20万円で買える。また、都市ガスは引き込み費用が嵩むことが多く、基本料金が月1000円以上掛かる。給湯器の寿命は約10年なので、光熱費が抑えられても機器の差額までは回収できない。イニシャル・ランニングを合わせたコストで見ると、エコキュートが最も費用対効果が高い。

[表] 給湯設備の一次エネルギー消費量

給湯設備	節湯型機器の有無※1	太陽熱温水器の有無※2	一次エネルギー消費量(単位 ギガジュール毎年)
新築時に設備が設置されていない場合	—	—	22.2
ガス瞬間式(従来型)給湯器	有	有	12.4
		無	18.2
	無	有	16.3
		無	22.2

ガス瞬間式（潜熱回収型）給湯器	有	有	10.3
		無	15.3
	無	有	13.6
		無	18.6
石油瞬間貯湯式給湯器	有	有	12.0
		無	17.7
	無	有	15.8
		無	21.6
石油瞬間式（従来型）給湯器	有	有	11.7
		無	17.2
	無	有	15.3
		無	20.9
石油瞬間式（潜熱回収型）給湯器	有	有	10.3
		無	15.2
	無	有	13.6
		無	18.6
電気温水器（ヒーター式）	有	有	33.2
		無	49.0
	無	有	43.7
		無	59.7
電気温水器（ヒートポンプ式）※3	有	無	13.7
	無		16.7

※1 節湯型機器は、台所は「節湯A」「節湯B」「節湯AB」のいずれかを採用、シャワーは「節湯AB」を採用し、かつ小口径配管とした場合に適用する。「節湯A」とは手元止水機能（止水の容易な機構）を有する機器、「節湯B」とは使用時の最適流量が現状一般的な機器に比べて小さい機器、「節湯AB」とは両機能を有する機器を指す。「小口径配管」は、配管がヘッダー方式であり、給湯機にできるだけ近い地点においてヘッダーにより配管が分岐され、かつヘッダー分岐後の配管の内径が13mm以下のものを指す

※2 傾斜角0～30度以内、方位角南面±45度以内、有効集熱面積3㎡以上とした場合に適用とする

※3 年間給湯効率（APF）3.0以上の場合に適用。APFは社団法人日本冷凍空調工業会のJRA4050:2007R「家庭用ヒートポンプ給湯機」に基づいて算出されたものとする

シミュレーションを営業に生かす

　シミュレーションは営業にも活用できる（**図**）。まずエコハウス設計の経験が少ない設計者の場合、契約後の物件はすべてシミュレーションを行う。その分だけ経験値が上がり、どこをどの程度いじるとどう変わるのかという塩梅が掴める。さらにシミュレーション結果と建てた後の温度環境や光熱費を照合するようにしたい。このことで営業トークに厚みが出る。中・上級者の場合、シミュレーションは結果の確認になるため、毎物件はやらなくてよくなる。

　着工棟数が多いなど、全物件のシミュレーションは難しい場合、標準プランでのシミュレーションは最低限やっておく。そして初回の営業用資料として活用する。

　悩ましいのが契約前のシミュレーションだ。弊社では実施することで契約できそうなとき以外は対応しないようにしている。

　一条工務店やトップランナー工務店がシミュレーションを取り入れている以上、シミュレーションをやらないというだけで負ける確率が上がっている。営業上も有用なツールと前向きに捉えて活用したい。

[図] シミュレーションの営業への生かし方

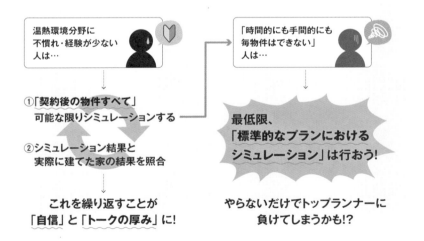

111

都市ガスを使うメリットは
あるのか

**オール電化割引が廃止されて調整金が上がり、
電気代は年率7%で上昇**

<<←

**都市ガスと電気は引き込みの工事費用で
費用対効果が左右される**

>>>

**費用対効果のほか、ガスコンロや衣類乾燥機など
機器の好みが熱源を左右する**

<<←

　　　ETHOD39でエアコンの費用対効果の高さについて触れたが、
Ｍ　　一方でオール電化の料金体系が変わるなど、東日本大震災以後、
電気料金は上昇を続けている。そこで、電気とガスの費用対効果を比
較してみる。

　オール電化のコストメリットが減った主な理由は、オール電化割引
と呼ばれる電気代の10%割引が廃止されたことだ。加えて原発停止
による火力発電の増加に伴う調整金も上がり続けている。

　ただし、震災前からの契約者は電気代の上昇を感じにくい。以前の
単価がそのまま適用されることが多いからだ。とはいえ新たな契約者
の単価は上がっている。筆者は2012年に設計した住宅の建て主から、

月別・時間帯別の電気使用量のデータを提供してもらった。そのデータを2019年4月以降の電気料金に当てはめると1.59倍になった。年率に換算すると実に7%増だ。

　ではガスのほうが費用対効果は高いのかというと、そうでもない。まずプロパンガスは高額なので、オール電化のほうが確実に得になる。都市ガスエリアは引き込みの工事費用で左右される。地域によっては無料だが、100万円ほど掛かることもある。また都市ガスは設置している機器が1つでも基本料金が発生する。大阪ガスの場合20㎥までで745円、20〜50㎥までで1340円掛かる。

　現実的には調理器具の好みも大きい。ガスコンロとIHクッキングヒーターの熱量当たりの単価はほとんど変わらないが、ガスコンロにこだわる建て主もいる。同様にガス衣類乾燥機も満足度が極めて高い機器である。これを使いたいために都市ガスと契約する場合もある。

IHクッキングヒーターとするかガスコンロにするかは
光熱費より使い勝手などの好みが優先されやすい

ガス衣類乾燥機は人気が高まってきている。
このためだけにガスと契約する建て主も少なくない

オール電化の電気代は上昇中。それでもコスパは高い

Point
①
**深夜電力の単価は2019年4月以降の契約者対象に
42%も値上げ（関西電力の場合）**

Point
②
**エコキュートによる年間の給湯代は
2万円から2万8000円に上昇**

Point
③
**一次エネルギー消費量はエコワンが有利だが
製品価格を含めるとエコキュートに軍配**

METHOD41でまとめたように、電気代は上昇を続けているが、ほかのエネルギー源と比べて優位性は保っている。ところが原発の再稼働が滞っていることから全国的にオール電化の料金体系が変わってきた。電気の優位性にどのような影響を与えるのか。関西電力を例に説明する。

関西電力のオール電化プランである「はぴeタイム」の2019年4月以降の料金内訳が**表**だ。夜間の深夜電力がかなり高くなり、逆に昼間の電力は安くなっている。

各時間帯の料金を平均した場合、一見、電気代は11％下がったように見えるが、筆者が過去に設計したエコキュート採用の住宅におけ

る使用比率で計算してみると、電気代は16%も高くなった。

　最も注目すべきは深夜電力の単価だ。2019年4月以降の契約者を対象に42%も値上げした。エコキュートの劇的に安い給湯費用は、ヒートポンプの省エネ性と安価な深夜電力単価に支えられていたので影響は甚大だ。

　人口が集中する6地域でエコキュートを用いた場合、これまでは給湯の電気代が2万〜2万5000円/年になった。今回の料金改定でこれが2万8400円〜 3万5500円/年に上昇する。それでもエコジョーズを用いた場合のガス代よりはかなり安い。

　これだけ深夜電力が高くなり、その他の時間帯が安くなると、本来はエコワンが最も優れた選択肢となる。エコワンとは、小型タンクを備えたエコキュートとエコジョーズを組み合わせた給湯器だ。一次エネルギー消費量の削減効果はエコキュートより大きく、給湯費用は互角になる。ところがエコキュートが原価20万円なのに対し、エコワンの原価は40万円になる。優れた機器なのだが費用対効果ではエコキュートが勝る。

[表] はぴeタイムの料金体系

	変更前(円)	変更後(円)	変化率
デイタイム〈夏季〉	34.31	28.44	−17%
デイタイム〈その他季〉	31.39	22.47	−28%
リビングタイム	23.05	22.47	−3%
ナイトタイム	10.51	14.93	+42%
単純平均単価	24.82	22.08	−11%
実際の使用比率平均単価	15.38	17.84	16%

オール電化のコスパは
どう変わっていくか

Point
1
太陽光発電の買取り終了後の余剰電力の使い方で
オール電化の費用対効果が変わる

〈〈〈

Point
2
最初に取り組むべき自家消費の方法は、
エコキュートの余剰電力沸かし機能の活用

〉〉〉

Point
3
電気自動車の大容量で安価な蓄電池を
住宅につなぐ接続ユニットを導入する

〈〈〈

今後、オール電化の費用対効果を高めるには、太陽光発電と組み合わせることが重要になってくる。太陽光発電の固定額での買取り契約は10年で終わるので、そこから先の余剰電力をどのように使うかによって、光熱費は大きく変わってくる。個々の住宅における取り組みによって、日本の省エネルギー事情も左右されることになっていくだろう。

　余剰電力の使いみちを費用対効果で考えると、まずは太陽光発電の自家消費率を拡大すべきだ。詳しくは次項で述べるが、自宅で発電した電気を28円で電力会社から買っている電気の代わりに使うと得になる。

発電した電気の自家消費の方法として、最初に取り組むべきなのは
エコキュートの余剰電力沸かし機能（ソーラーチャージ）を使うこと
だ（**図**）。さらに食洗器や洗濯などはタイマーで調節し、余剰電力で
行うようにする。可能なら掃除機もその時間に使いたい。こうした工
夫は高価な蓄電池の導入に先駆けてやるべきだ。

　次に有効なのが電気自動車と住宅との接続ユニットの導入だ。家庭
用蓄電池は高価で容量もさほど大きくない。電気自動車は容量が大き
く、蓄電池としてみれば安価だ。

　電気代の賦課金は2030年ごろまでは上がっていく。加えて経産省
は電気代も年率3％で上昇するシナリオを描いている。太陽光発電の
ない家庭はこの弊害をまともに被る。

　一方で太陽光発電を設置している家庭は、電気代値上げの影響が軽
減される。いずれにしてもオール電化を採用するのであれば、国のエ
ネルギー政策を睨みながら、長期的な視野に立って設備機器の構成な
どを判断すべきだ。

[**図**] **ソーラチャージの考え方**

出典: パナソニック

太陽光発電は
最高にコスパのよい投資

Point
1
**太陽光発電は買取り単価が安くても
設置したほうが圧倒的に有利**

Point
2
**30万円/kWで設置して買取りが10円/kWの場合、
30年で231万円の差がつく**

Point
3
**太陽光発電は初期費用が高く、10年目以降の買取りが
5円/kWでも設置したほうが圧倒的に有利**

太陽光発電の買取り価格が下がってきている。今後も太陽光発電を採用する金銭的なメリットはあるのだろうか。

太陽光発電の費用対効果を検討するには、今後の電気代を予測する必要がある。経産省は今後の電気代の上昇率を3％とみている。「賦課金」と呼ばれる制度によって、太陽光発電による発電量が増えれば増えるほど、太陽光発電を設置していない家庭の負担が大きくなっていくためだ。

3％という数字はドイツの試算と同じで驚くほど過大ではないが、少し余裕を見て、上昇率2％のときの太陽光発電の費用対効果を計算してみる。年間電気代が18万円の家庭において太陽光発電なし、

4kW設置、5kW設置、6kW設置の場合の30年の収支が**表1**だ。

　この試算は太陽光発電の設置価格を安価に設定しているが、それ以外は現実的な数字だ。この結果から、買取り単価が安くても、4kWでも設置したほうが圧倒的に有利だと分かる。

　同様に、太陽光発電のkW当たりの設置単価を25万円と30万円、10年目以降の買取り単価を10円から5円までに設定して、試算したのが**表2**だ。「差し引き」とは太陽光発電を採用しなかった場合と比べて得をしている金額だ。

　結果としては、kW当たり30万円で設置して買取り単価10円でも30年で231万円もの差がつく。実際にはこれより電気代の上昇率が高くなると見られるため、さらに差額は大きくなるだろう。

　結論としては、太陽光発電は初期費用が多少高く、買取り単価が5円になっても、設置したほうが圧倒的に有利だ。経済性の観点から、建て主に対して太陽光発電の設置を提案することがさらに重要になるだろう。

[表1] 年間電気代が18万円の家庭における収支比較表

2019年4月以降の単価で計算 （単位：円）

経過年数	太陽光なし		4kW		5kW		6kW	
			年間発電量	4,800	年間発電量	6,000	年間発電量	7,200
スタート時点	0	累計	−800,000	累計	−1,000,000	累計	−1,200,000	累計
1	−180,000	−180,000	−45,360	−845,360	−25,200	−1,025,200	−5,040	−1,205,040
2	−183,600	−363,600	−47,880	−893,240	−27,720	−1,052,920	−7,560	−1,212,600
3	−187,272	−550,872	−50,450	−943,690	−30,290	−1,083,210	−10,130	−1,222,730
4	−191,017	−741,889	−53,072	−996,763	−32,912	−1,116,123	−12,752	−1,235,483
5	−194,837	−936,727	−55,746	−1,052,509	−35,586	−1,151,709	−15,426	−1,250,909

6	−198,735	−1,135,462	−58,474	−1,110,983	−38,314	−1,190,023	−18,154	−1,269,063
7	−202,709	−1,338,171	−61,256	−1,172,240	−41,096	−1,231,120	−20,936	−1,290,000
8	−206,763	−1,544,934	−64,094	−1,236,334	−43,934	−1,275,054	−23,774	−1,313,774
9	−210,899	−1,755,833	−66,989	−1,303,323	−46,829	−1,321,120	−26,669	−1,340,443
10	−215,117	−1,970,950	−69,942	−1,373,265	−49,782	−1,371,665	−29,622	−1,370,065
11	−219,419	−2,190,369	−119,993	−1,493,258	−111,593	−1,483,258	−103,193	−1,473,258
12	−223,807	−2,414,176	−123,065	−1,616,323	−114,665	−1,597,923	−106,265	−1,579,523
13	−228,284	−2,642,460	−126,198	−1,742,522	−117,798	−1,715,722	−109,398	−1,688,922
14	−232,849	−2,875,309	−129,394	−1,871,916	−120,994	−1,836,716	−112,594	−1,801,516
パワコン交換 15	−237,506	−3,112,815	−282,654	−2,154,571	−274,254	−2,110,971	−265,854	−2,067,371
16	−242,256	−3,355,071	−135,979	−2,290,550	−127,579	−2,238,550	−119,179	−2,186,550
17	−247,101	−3,602,173	−139,371	−2,429,921	−130,971	−2,369,521	−122,571	−2,309,121
18	−252,043	−3,854,216	−142,830	−2,572,751	−134,430	−2,503,951	−126,030	−2,435,151
19	−257,084	−4,111,301	−146,359	−2,719,110	−137,959	−2,641,910	−129,559	−2,564,710
20	−262,226	−4,373,527	−149,958	−2,869,069	−141,558	−2,783,469	−133,158	−2,697,869
21	−267,471	−4,640,997	−153,629	−3,022,698	−145,229	−2,928,698	−136,829	−2,834,698
22	−272,820	−4,913,817	−157,374	−3,180,072	−148,974	−3,077,672	−140,574	−2,975,272
23	−278,276	−5,192,093	−161,193	−3,341,265	−152,793	−3,230,465	−144,393	−3,119,665
24	−283,842	−5,475,935	−165,089	−3,506,355	−156,689	−3,387,155	−148,289	−3,267,955
25	−289,519	−5,765,454	−169,063	−3,675,418	−160,663	−3,547,818	−152,263	−3,420,218
26	−295,309	−6,060,763	−173,116	−3,848,534	−164,716	−3,712,534	−156,316	−3,576,534
27	−301,215	−6,361,978	−177,251	−4,025,785	−168,851	−3,881,385	−160,451	−3,736,985
28	−307,240	−6,669,218	−181,468	−4,207,252	−173,068	−4,054,452	−164,668	−3,901,652
29	−313,384	−6,982,602	−185,769	−4,393,022	−177,369	−4,231,822	−168,969	−4,070,622
30	−319,652	−7,302,254	−190,156	−4,583,178	−181,756	−4,413,578	−173,356	−4,243,978
差し引き		±0		2,719,076		2,888,676		3,058,276

〈備考〉　●当初10年買取価格は24円、10年目以降は10円、年間電気代は180,000円、電気代は年2%で上昇とする
　　　●自家消費率3割、太陽光kW数の1200倍発電とする　●200,000円／kWとする　●パワコン交換費用は15年目に15万円とする

出典：「住宅事業建築主の判断の基準ガイドブック」（財建築環境・省エネルギー機構）

[表2] 太陽光の設置容量と30年間で利益となる金額

試算条件		太陽光出力別の利益額			
太陽光発電システムの単価 (円／kW)	11年目以降の買取単価 (円／kWh)	太陽光なし (円)	4kW (円)	5kW (円)	6kW (円)
200,000	10		2,719,076	2,888,676	3,058,276
200,000	9		2,651,876	2,804,676	2,957,476
200,000	8		2,584,676	2,720,676	2,856,676
200,000	7	0	2,517,476	2,636,676	2,755,876
200,000	6		2,450,276	2,552,676	2,655,076
200,000	5		2,383,076	2,468,676	2,554,276
250,000	10		2,519,076	2,638,676	2,758,276
300,000	10		2,319,076	2,388,676	2,458,276

◻ = 利益大　◻ = 利益中　◼ = 利益小

121

太陽光発電を
自家消費で活用する

Point
1
FITが終了していくのに伴い、FIT期間終了後の
余剰電力の買取り価格は8.5〜10.5円/kWh

Point
2
自家消費のコストメリットを出すには、
蓄電池の価格はkW当たり5万円以下に抑える

Point
3
エコキュートの余剰電力で沸き上げる機能は
蓄電池2kW相当の効果がある

2009年に始まった太陽光発電の固定価格買取り制度であるFITは、2019年11月から高額買取り期間が順次終了し、2023年末までに165万件が期間終了する。その後の太陽光発電はどのように利用すべきなのか。

FITが終了していくのに伴い、FITの期間終了後の余剰電力の買取り価格が発表されている。概ね8.5〜10.5円/kWhだ。2009年のスタート時は48円/kWhだったので買取り価格が1/5になる。

こうなると余剰電気は売らずに蓄電池に貯め、夜間に消費したほうが得だという考え方が出てくる。実際、ヨーロッパではFIT終了後に電気自動車や蓄電池が急速に普及している。

では、日本でもEV・蓄電池の普及は急速に進むのか。ネックは蓄電池の価格だ。劇的に安くなった太陽光発電と異なり、蓄電池は非常に高価で、寿命も10年程度なのが現状だ。自家消費のコストメリットを出すには、蓄電池の価格は少なくともkW当たり4～5万円に抑える必要がある。

現状でこの価格に見合うのは電気自動車とテスラ社のパワーウォール2のほか、産業用の鉛蓄電池くらいだ。多くの住宅用蓄電池は補助金を足してもkW当たり20万を超える。

そこで注目されるのが、エコキュートを余剰電力で沸き上げる機能だ。研究によるとこの効果は蓄電池2kWに相当する（図）。この機能を備えた製品が少ないが、パナソニック製は普及価格帯の機種でもこの機能を搭載している。現状はこの機能の使用時間を4時間/日に制限しているが、将来的には解除されることを願っている。

[図] ソーラーチャージのコストメリット（357世帯平均）

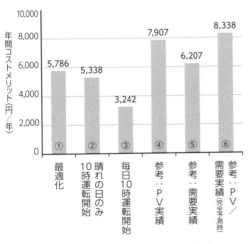

■シミュレーション設定
●購入電力料金:夜16円、昼32円、PV余剰電力買取単価10円/kWh
●エコキュート設定
●HOCOP=f(気温、沸上温度、立ち上がりフラグ)
●タンクロス1%/h
●タンク容量460L
●湯切れ運転条件80L
●沸き増し量50L
●湯沸かしマージン1SE(SE:標準誤差、不足する場合は0.5SEずつ増加させる)

■ケース設定
①PV(SVM)予測、需要回帰予測、最適運転
②晴れの日のみ10時運転開始(※)
③毎日10時運転
④PV実績、需要予測、最適運転
⑤PV予測、需要実績、最適運転
⑥PV/需要実績(完全予測運転)
(エコキュート従来夜間運転:ベース)
※隔月のPV発電量平均kWh/日)を基準とする。翌日のPV発電量の予測が基準以上のときは給湯機10時運転開始、下回るときは従来通り夜間運転

出典:「HP 給湯機のデマンドレスポンス活用」(東京大学生産技術研究所)

太陽光発電＋電気自動車は最高のコスパ

　太陽光発電の有効利用を考える上で電気自動車は非常に有用だ(図)。日産自動車のリーフは1kWh当たり8kmを走る。関西電力の深夜電力は賦課と燃料調整費を足すと19.2円/kWh。年間1万km走るために必要な電気は1万km÷8km/kWh=1250kWh、年間の電気代は=1250kWh×19.2円/kWh=2万4000円となる。

　同じ距離を15km/ℓのガソリン車で走る場合、ガソリン価格を140円/ℓとすると1万km÷15km/ℓ≒667ℓ。年間のガソリン代は667ℓ×140円/ℓ=9万3380円となり、電気自動車より約7万円も高くつく。

　電気自動車で必要になる1250kWhを発電するのに必要な太陽光発電の容量は、1250÷1200=1.04kW。太陽光発電を25万円/kWで設置した場合、原価回収年数はわずか3.6年だ。ただし、通勤で電気自動車を使う場合、昼間の余剰電力が貯められないので、この試算からは外れる。

　自家消費用の蓄電池と考えてもリーフは魅力的だ。現行機種で最も安価なリーフは新車で330万円程度、中古で200万円程度だ。蓄電池1kWh当たりの価格で見ると新車が8.25万円/kWh、中古車が5.0万円/kWhとなり、家庭用蓄電池よりかなり安い。住宅と車で相互に電気をやりとりする場合、「LEAF to Home」のような接続ユニットが必要なので、設置費用に30万～50万円程度掛かるが、それを含めても魅力的な価格だ。

[図] 電気自動車の活用イメージ

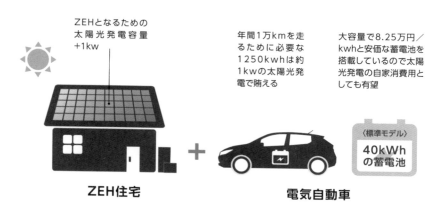

ZEHとなるための
太陽光発電容量
+1kw

年間1万kmを走るために必要な1250kwhは約1kwの太陽光発電で賄える

大容量で8.25万円／kwhと安価な蓄電池を搭載しているので太陽光発電の自家消費用としても有望

〈標準モデル〉
40kWh
の蓄電池

ZEH住宅　＋　**電気自動車**

第 5 章

換気量をどう確保して
熱損失を抑えるか

健康で快適な環境づくりに欠かせないのが換気です。
計画通りに適切な換気を得るために必要な躯体性能や
熱損失の少ない換気方式について解説します。

THE BASICS OF ECO-HOUSE DESIGN

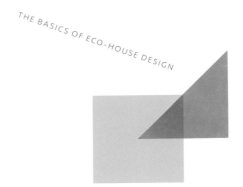

METHOD
46

そもそも換気量は
どのくらい必要なのか

Point
1
建築基準法で定めた必要換気量は建物容積の
0.5回/h（2時間ですべての空気を入れ替え）

《《←

Point
2
0.5回/hは確実に1000ppmを保てる
換気量として設定

》》〉

Point
3
昨今外気のCO₂濃度が上昇しているので
1500ppmを上限とするのが現実的

《《←

高　断熱化に際しては換気計画が重要だ。空気を清浄に保つほか熱
　　損失にも影響する。まずは必要換気量の根拠について解説する。

　建築基準法で定められた必要換気量は建物容積に対して1時間に
0.5回だ。2時間で室内の空気をすべて入れ替えるということだ（**図**）。
換気回数0.5回の根拠は明確ではないが、以下のように言われる。

　空気中の汚染物質は多様だが、共通の指標となり得るのがCO_2だ。
CO_2による空気汚染の目安は2000ppmだ。実際、室内が2000ppm
を超えると人由来の臭気を感じるようになる。ただし、住宅でCO_2濃
度を計測することは一般的ではない。そこで安全率を見て、半分の濃
度である1000ppmを指標とし、住宅の容積で確実に1000ppmを保

てる換気量を検討した結果、0.5回/hとなったと言われている。

　0.5回/hで検討した場合、大きい住宅や居住者が少ない場合は換気量が多すぎ、逆に小さい住宅や居住者が多い場合は換気不足になりやすい。理屈の上では、必要換気量は人数から考えるべきだ。実際、1人当たり30㎥/hという規定もある。4人家族なら120㎥/hだ。

　2つの数値の妥当性を検証してみる。延べ床面積120㎡、天井高2.5mの住宅の容積は300㎥。この住宅で0.5回/hの換気を行うと換気量は150㎥となる。4人家族の必要換気量120㎥/hに対してはやや過換気だが、5人家族ならちょうどよいことになる。0.5回/hは目安として妥当と言える。ちなみに換気量に関しては、ヨーロッパでは36㎥/hという目安もあるようだ。この数値を用いると4人家族で144㎥/hとなり、0.5回/hの換気を行ったときの数値と符合する。

　なお、昨今は外気のCO_2濃度が急激に増加しており、室内のCO_2濃度をビル管理法で定められている1000ppm以下に保つには換気量が過大になりすぎる。現実的には1500ppm程度を上限に換気量を確保するのが妥当だと筆者は考えている。

［図］建築基準法で定められた必要換気量の考え方

1時間で半分の空気を入れ替える

2時間で全部の空気を入れ替える

換気量〈㎥/h〉＝ 下表の換気回数〈回/h〉× 居室の床面積〈㎡〉× 天井高さ〈m〉

居室の種類	住居の居室等	左記以外（非居住等）
換気回数	0.5回/h以上	0.3回/h以上

METHOD
47

「中気密住宅」は
新鮮空気が入ってこない

Point
①
「中気密住宅」の自然給気口からは
新鮮空気はほとんど入ってこない

〈〈←

Point
②
密集地におけるC値4の住宅は、
風や温度差があっても自然換気は成立しない

→〉〉〉

Point
③
室内の空気環境を保つうえで
気密性能を高めることはとても重要だ

〈〈←

換気は気密性能と密接な関係がある。多くの住宅は第3種換気であり、新鮮空気を自然給気口から導入する。ただし気密性が低い家だと理論通りにはいかない（**図1・2**）。C値1の建物で120㎥/hの換気扇を付けている場合、自然給気口からは60㎥/h、C値2では36㎥/hの新鮮空気しか入ってこない。

　合板や石膏ボードを使った一般的な在来木造住宅のC値はさらに低く、2〜3と言われる。いわゆる「中気密住宅」だ。この場合、自然給気口からはほとんど新鮮空気が入ってこない（**図1**）。

　一方で中気密であるため、自然換気口以外の建物の隙間から新鮮空気が入ってきているので問題ないという意見も聞く。**図3**から隙間の

量と給気量の関係が分かる。まず建てる場所の住宅密集度を図右の3通りから選び、内外気温差⊿Tと外部風速から該当するポイントを決定する。そのポイントから左表まで水平な線を引き、建物のC値の値となる場所をプロットする。その位置があるポイントが双曲線上のどこにあるかで、Y軸上にある換気回数を読み取る。

　この図から分かるように、外部の風が強く、内外温度差が大きいほど換気量は増える。ただし、風が弱く、内外温度差が小さいときにも換気は正常に行われる必要がある。

　実際にC値3程度の住宅で換気量を検討してみると、密集市街地においては、風が吹いても温度差があっても自然換気は成立しない。通常の住宅地であっても、内外温度差5℃以上かつ風速5m以上が同時に実現できなければ、必要な給気量が得られない。実はこのグラフの数値はましな方だ。筆者の知人がC値4の住宅を調べたとき、給気口からの給気量はゼロだった。イメージだけで高気密化を否定してはならない。

[図1] **気密と給気量**

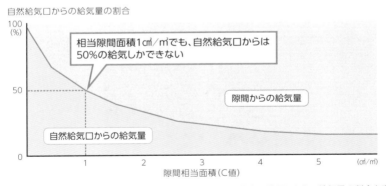

注 自然給気・機械排気の第3種換気で、給気口から入る給気量と住宅の隙間から入る給気量の割合を表したグラフ。隙間面積が大きくなるほど、自然給気口からの給気量が少なくなる。これは、計画した換気ができず、空気の入れ替えがしっかり行われないことを意味する

[図2] 第3種換気における空気の流れ

高気密住宅（C値2未満）
での第3種換気

きれいな空気

低気密住宅（C値4〜）
での第3種換気

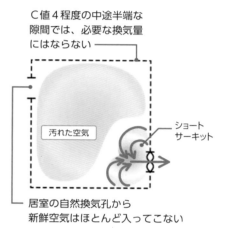

C値4程度の中途半端な
隙間では、必要な換気量
にはならない

汚れた空気

ショート
サーキット

居室の自然換気孔から
新鮮空気はほとんど入ってこない

[図3] 参考：チャートによる戸建て住宅の「自然換気量」の簡易測定

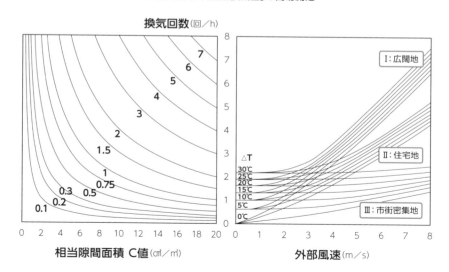

換気回数（回／h）

相当隙間面積 C値（cm²／m²）

外部風速（m／s）

同時給排気型のレンジフードの優位性

　レンジフードの役割は調理中の臭気を排出し、室内の空気をきれいに保つことにある。その際、リビングやダイニングの温度に影響を与えず、できるだけエネルギーを使わないことが求められる（図）。上記を満たすのは同時給排気型のレンジフードになるが、あるレンジフードメーカーのラインナップでは同タイプは22％しかない。それはレンジフードの重要性を認識する設計者は少ないためでもある。

　次世代省エネルギー基準レベルの家の場合、24時間換気による熱損失がQ値の2割を占める。そのため熱交換換気システムが採用されるが、稼働時に24時間換気の3倍もの換気量になるレンジフードによる熱損失に配慮される例は非常に少ない。

[図] 排気のみのレンジフードと同時給排気型レンジフードの比較

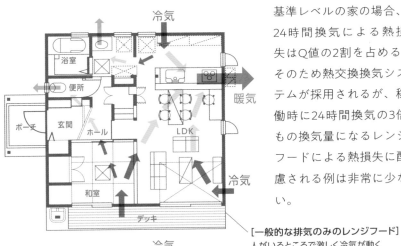

[一般的な排気のみのレンジフード]
人がいるところで激しく冷気が動く／体感温度低下大

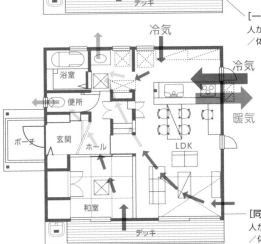

[同時給排気型レンジフード]
人がいるところで最小限しか冷気が動かない／体感温度低下小

熱交換換気の顕熱／潜熱型の違いをどう評価すればいいか

Point
①
**熱交換の効果を評価する上で最も重要な
全熱交換率の点では全熱型が有利**

Point
②
**アルミ素子の顕熱型は浴室を換気経路に組み込み、
その熱を回収できる（ただし水蒸気の熱は回収不可）**

Point
③
**全熱型は顕熱型と比べて
冬の加湿や夏の除湿の負荷が相対湿度で約10％減る**

第1種換気と呼ばれる熱交換器を備えた換気システムを採用する住宅が少しずつ増えている。

熱交換型換気システムには地域性がある。日本は夏が高温多湿、冬は低温乾燥であり湿度環境が厳しい。そこから水蒸気からも熱回収する全熱型が一般的となったようだ（**図・表**）。

逆にヨーロッパは夏が高温乾燥で冬は低温多湿なので、湿度にこだわらず、温度交換率が極めて高いアルミを熱交換素子に使った顕熱型が普及したと思われる。両者の特性は**表**のようになる。

熱交換の効果を評価する上で最も重要なのは全熱交換率だ。この点では全熱型が有利だ。ただし、顕熱型で素子がアルミであれば浴室を

換気経路に組み込める。全熱型は素子が紙製のため水蒸気で満たされた浴室を換気経路に組み込むと素子が傷むので、経路から外してその熱は捨てることになる。

[図] 第1種換気の熱交換の仕組み

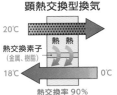

全熱型は、紙などの熱交換素子により、熱だけではなく湿気も同時に交換が可能

顕熱型は熱だけを回収し、汚れた空気や汚染物質は排気する。90%の熱交換率があり、外気温が0℃で室温が20℃の場合、外気を18℃までに暖めて室内に取り込める

両者を導入した場合の温冷感を比較すると、冬は温冷感に占める水分比率が少ないため、両者の差はそれほどない。逆に夏は温冷感を水分が左右するので環境に明らかな違いが生じる。

筆者の経験と論文の情報から両者を比較すると、冬は全熱型が約10%相対湿度が高くなり、夏は逆に全熱型が約10%低くなる傾向がある。全熱型は冬の加湿や夏の除湿の負荷が減るのが利点だ。

実際、夏に全熱交換素子を顕熱交換素子に交換する実験をしたところ、実験に協力してくれた建て主は「床がベチャベチャするようになった」と感想を述べていた。

このように日本では全熱型が熱や湿度の点で有利だが、熱回収の際に臭気や有害揮発性物質を戻すこと、熱交換素子の結露や汚れのリスクも指摘されている。総合的に判断して製品選定をしたい。

[表] 全熱交換と顕熱交換の比較

	普及エリア	素子の素材	顕熱交換率	潜熱交換率	全熱交換率(冬)	全熱交換率(夏)	浴室対応
全熱交換	日本	紙	60〜85%	65%前後	75〜80%	60〜70%	不可
顕熱交換	欧州	アルミ	85%以上	0	50〜55%	20%前後	可

レンジフードからの熱損失は
どのくらいなのか

Point
①
レンジフードの強運転時には600㎥/hが排気され、コタツ5台分の熱が逃げる

>>><<←

Point
②
レンジフードから熱が逃げることによる年間損失額は約5000円になる

>>>>>>

Point
③
レンジフードは同時給気排気型でアルミによる熱交換膜の製品がお勧め

>>><<←

24 時間換気とは別に、住宅にはレンジフードなどの局所換気が組み込まれている。国の換気の基準ではレンジフードから逃げる熱量は考慮されていないが、実際はどの程度の影響があるのだろうか。

レンジフードの強運転時には600㎥/hが排気される。24時間換気の換気量が150㎥/hなので4倍にあたる。このとき逃げる熱量を室温20℃、外気温5℃（東京など温暖地域の1月の平均気温）で計算すると、0.35W/㎥K×600㎥×（20−5）＝3150Wになる。実にコタツ5台分だ。

この熱損失を補うためにエアコンをCOP3で運転すると、1時間当たり1050W＝29.4円が余計に掛かる。主婦の平均調理時間は1日82分というデータがある。それを当てはめると40.2円/日、1カ月だと

約1200円の光熱費が余計に掛かる。11月から4月頭の暖房期間における暖房費の損失は、この金額の3倍程度と推測されるので、期間トータルで3600円となる。冷房の損失は暖房費の半分以下と思われるため、レンジフードによる年間損失額は約5000円になる。

この熱損失を防ぐ機器が室内循環式レンジフードだ。外に排気せずにフィルターで臭いや煙、油分をろ過するため、冷気が流れる不快感も防げる（**図**）。

注意点はIHクッキングヒーター専用なことと、4種類のフィルターの定期交換が必要なことだ。エアフィルターと脱臭フィルター、脱煙フィルターは3年に1度交換し、費用は約3万3000円。油吸着フィルターは12年に1回交換し、費用は約2万3000円だ。合計で年間約1万2000円掛かる。費用対効果から見ると採用の余地はなさそうだ。

個人的な見解としては、同時給気排気型でアルミ製の熱交換膜のレンジフードが一番よいと思うが、現在そうした製品は存在しない。レンジフードメーカーが製造するのを期待している。

[図] 室内循環式レンジフードの仕組み

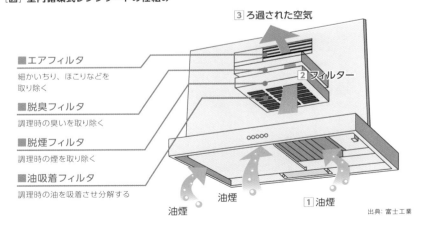

③ ろ過された空気

② フィルター

■エアフィルタ
細かいちり、ほこりなどを取り除く

■脱臭フィルタ
調理時の臭いを取り除く

■脱煙フィルタ
調理時の煙を取り除く

■油吸着フィルタ
調理時の油を吸着させ分解する

油煙

油煙

① 油煙

出典: 富士工業

競合先に勝つシミュレーションの方法

昨今は高断熱住宅ブームの様相を呈している。この競争を勝ち抜くにはシミュレーションが必須だ。

まず自社のプランをもとにエアコン1〜2台で家全体を冷暖房する前提で冷暖房計画のシミュレーションを行う。競合先が明確な場合、断熱仕様を入手して自社のプランに適用してシミュレーションする。この場合、冷暖房計画は各部屋に畳数通りのエアコンを設置する前提だ。たいていの場合で5台以上のエアコンが必要になる。

全館冷暖房を前提とした場合、エアコン台数1〜2台で能力も最適化された自社の計画のほうがエアコンの実効効率は圧倒的に上がるため、両者の光熱費には大きな差がつく（図）。

[図] シミュレーションソフト「ホームズ君」による比較例

〈自社の仕様〉

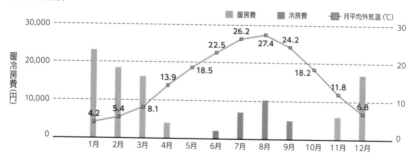

〈他社の仕様〉

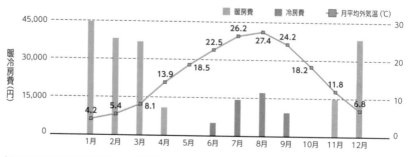

自社と競合他社の暖冷房費を同プランで、断熱仕様・冷暖房計画が異なると仮定した比較。この事例は延床面積85坪の大きな住宅
注　実際は表形式の光熱費も表示されるが、紙幅の関係で割愛した

第  章

エアコンはどのように
選んで使いこなすか

最も費用対効果の高い冷暖房機器がエアコンです。
最適な容量選定や1〜2台による全館冷暖房など、
エアコンの能力を最大に引き出す手法を解説します。

THE BASICS OF
ECO-HOUSE DESIGN

METHOD
50

必要暖房能力を算出すると 光熱費が概算できる

Point
1

必要暖房能力の概算には月別最低気温、 ひと月の暖房費の概算には月別平均気温が必要

Point
2

総熱損失から内部発熱と日射取得熱を差し引いた値が 室温を保つのに必要な熱量

Point
3

エアコンは電気1に対して3.5程度の熱を使えるので 電気代を抑えられる

こ こからは冷暖房の計画の手法について解説する。まずは必要暖房能力の計算方法から説明する。必要暖房能力は下記の式から求める。

延床面積×Q値×（室温-冬の外気最低温度）＝必要な暖房能力

東京における次世代省エネルギー基準レベルの住宅を上式に当てはめてみる（**図**）。延床面積120㎡、Q値2.5、最低気温は約0℃、室温20℃を24時間家全体で維持した場合の総熱損失は、6000Wとなる（**表**）。これは電気ストーブを用いた場合、6000W（6kW）の能力が必要ということだ。言い換えると、1時間に6000Wの熱量を投入し続けないと室温を20℃に保てない。

実際には床面積1㎡当たり約4.6Wの内部発熱がある。家全体では4.6W/㎡×延床面積120㎡＝552W、となる。そこに日射取得熱が加わる。省エネルギー計算のために国が定めたモデルプランでは、東京の場合773Wが得られる。

　内部発熱と日射取得熱を足すと1325Wとなる。総熱損失6000Wから1325Wを引くと4675W（≒4.7kW）。これが外気温0℃のときに室温20℃を保つために必要な1時間当たりの熱量だ。

　電気ストーブでこの熱量を得るのに電気代はいくら掛かるか。電気料金を28円/kWhとすると、28円/h×4.7kW≒132円が必要となる。エアコンの場合はどうか。まず定格暖房能力を定格消費電力で割って暖房COPを算出する。COPとは成績係数のことで、消費電力1に対して得られる熱量の割合を示す。定格暖房能力が2500Wで定格消費電力が500Wの場合、暖房COP5になる。

　この計算で得られる数字はカタログ値であり、今回は3.5として考える。これを先ほどのケースに当てはめると1時間に必要な電気代は132円÷3.5≒38円で賄える。

[表] 室温を20℃に維持する場合の熱損失量の計算

部位	面積 × U値（熱貫流率）× 温度差 ＝ 伝導による熱損失（1時間当たり）	熱損失率
窓面積	30㎡ × U値：4.6W/㎡℃ × 20℃ ＝ 2760W	46%
外壁面積	162㎡ × U値：0.4W/㎡℃ × 20℃ ＝ 1296W	22%
天井面積	60㎡ × U値：0.2W/㎡℃ × 20℃ ＝ 240W	4%
1階床面積	60㎡ × U値：0.4W/㎡℃ × 20℃ ＝ 480W	8%

合計 4776W ②
合計 6000W ①

部位	建物容積 × 換気量 × 空気の比熱 × 温度差 ＝ 換気による熱損失（1時間当たり）	熱損失率
換気	360㎥ × 0.5回/h × 0.34W/㎡℃ × 20℃ ＝ 1224W	20%

総熱損失 ＝ 6000W …… ①（換気含む）　　伝導のみの熱損失 ＝ 4776W …… ②（換気含まない）

［図］国のモデルプラン

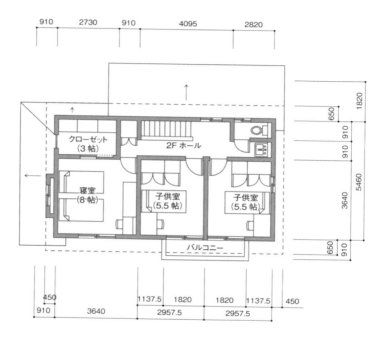

■設計諸元 　敷地面積 　　　210.00㎡ 　(63.5坪)
　　　　　　　建築面積 　　　 69.56㎡ 　(21.0坪)
　　　　　　　床地面積 　2階 　57.14㎡
　　　　　　　　　　　　 1階 　62.93㎡
　　　　　　　　　　　　 合計 120.07㎡ 　(36.3坪)
　　　　　　　窓面積 　　　　 27.92㎡
　　　　　　　窓面積／延べ面積 23.25% 　(窓面積は玄関・勝手口扉を除く)
　　　　　　　家族構成 　　　　夫婦2人+子供2人

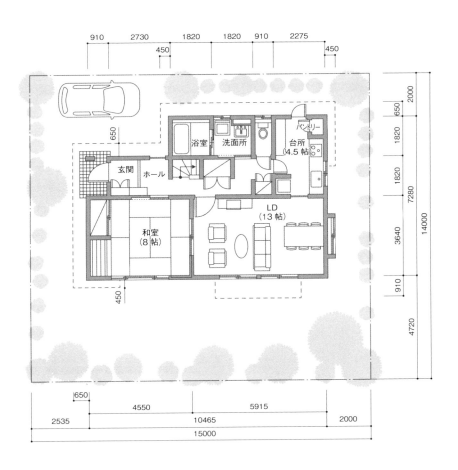

図面内の文字:

910　2730　1820　1820　910　2275　450

450

650

浴室　洗面所　台所（4.5帖）　パントリー

玄関　ホール

和室（8帖）

LD（13帖）

2000　650　1820　1820　7280　3640　910　14000　4720

650　4550　5915　2535　10465　2000　15000

出典：「自立循環型住宅に向けた設計ガイドライン」（財建築環境・省エネルギー機構）

141

METHOD
51

ひと月ごとの
暖房費の計算方法

Point
①
温暖地で次世代省エネルギー基準の住宅全体を
24時間暖めるための暖房費は2万円/月

Point
②
住宅の窓をU値1.4の「樹脂サッシ+ペアガラス」に
変更すると熱損失が約3割減る

Point
③
仕様変更によるコスト増と光熱費削減を比較し、
回収年数が短い手法から採用

METHOD50と同様に、東京における次世代省エネルギー基準レベルの住宅を例に、ひと月ごとの暖房費の算出方法を説明する。

月ごとの暖房費の検討には月平均気温を用いる。毎年発行される「理科年表」には、代表的な都市の月平均気温や月別最低気温が掲載されていて便利だ。

東京の1月の平均気温は6.1℃。室温を20℃とすると、内外温度差の月平均は約14℃。建物の総熱損失は前項で計算した通り6000Wだ。したがって室温20℃を保つのに必要な熱量は、6000W×（14℃÷20℃）＝4200W、4200W−内部発熱1325W＝2875Wとなる。

電気ストーブだと1カ月の暖房費は2875kW×28円×24h×30日＝

5万7960円。実効COP3.5のエアコンだとその1/3.5なので1万6560円となる。

　暖房費を抑えるのには日射取得が重要になる。前項で触れたように「国のモデルプラン」だと東京の日射取得熱は773W。一方、寒冷地で南の窓が少ない場合などは250W程度となり、500Wも不利になる。

　上記の簡単な計算から、次世代省エネルギー基準レベルの住宅では、東京のような温暖地でも家中を暖めるための暖房費が約2万円掛かることが分かる。このように計算の過程が理解できると、断熱材や窓、換気設備などの仕様変更による光熱費削減効果を、自分で大まかに把握することができる。

　今回のモデルでは、窓からの熱損失が46％もあるので、これをU値1.4の「樹脂サッシ+ペアガラス」に変更すると熱損失が約3割減る。こうした仕様変更によるコスト増と光熱費の削減効果を天秤に掛け、回収年数が短い手法から順に採用していけばよい。

電気ストーブは効率が低く、電気代が高む

エアコンは屋外の空気の熱を利用できるので効率が高くなる

METHOD
52

暖房費は電気とガス、灯油の
どの熱源が安いか

Point
1
**光熱費が最も高額なのはCOP1の電気式暖房器具。
部屋全体を暖めると格段に高額**

Point
2
**次がプロパンガスによる暖房が高額。
契約後の価格変動は少ないが常に高額**

Point
3
**灯油は価格変動が大きいが、
2016年の相場だと暖房費を抑えられる**

　　ETHOD51で暖房費の算出方法について説明したが、実際には
M　熱源を何にするかによって変わってくる。

　暖房の熱源は、①灯油、②電気、③都市ガス、④プロパンガスの4種類。まずは4つの熱源を1MJの発熱量を得るのに必要な単価で比較してみた（**表**）。電気は暖房COP1〜5の条件でそれぞれ検証した。COPは成績係数のことで、消費電力1に対して2倍の熱を活用できたらCOP2、3倍ならCOP3と表す。**表**の項目にあるCOP値とは車でいう実燃費に相当し、カタログ値より低めだ。

　COP1はヒートポンプを使わない電気式暖房器具すべてが該当する。COP2以上はヒートポンプを使う暖房器具だ。代表格はエアコンだが、

144

ヒートポンプを用いてお湯を沸かす床暖房やパネルヒーターもこの分類に該当する。

ヒートポンプを使わない暖房器具は「消費電力＝発熱量」で常に一定だ。一方ヒートポンプを使う暖房器具は、外気温や室温によりCOPも変わる。次頁の**表**は冬期の平均COPで計算している。

光熱費が最も高額なのはCOP1の電気式暖房器具だ。狭い場所を暖める効率は悪くないが、部屋全体を暖めるとずば抜けて高額になる。次がプロパンガスによる暖房だ。一度契約すると価格変動が少ないが、常に高額だ（**図1**）。灯油は価格変動が大きく、2016年の相場だと暖房費を安価に抑えられる（**図2**）。

エアコンはCOPで単価が大きく異なる。エアコンはCOP2が下限となるが、それでも都市ガスより安い。上限のCOP5で見ると、販売価格が安いときの灯油代よりも安い。

COPはその家の断熱性能や設定室温、外気温、稼働時間、必要暖房能力に対する機器の能力などで大きく変動するが、東京のような温暖地では1台の適切な能力のエアコンで暖房する場合は実効COPで3〜4程度にはなる。各部屋にエアコンを設置し、在室しているときだけエアコンで暖房する場合は2くらいにしかならない。この場合の費用対効果は次のMETHOD53で検証する。

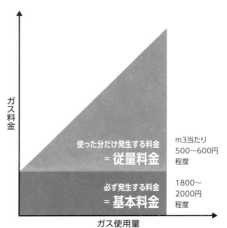

[図1] プロパンガス料金の構成

ガス料金

使った分だけ発生する料金
＝**従量料金**

m3当たり
500〜600円
程度

必ず発生する料金
＝**基本料金**

1800〜
2000円
程度

ガス使用量
4人家族で月当たり平均10〜12m3程度

[表] 4つの熱源が1MJの発熱量を得るのに必要な単価

2016年	発熱量	単位	価格	単位	発熱量当たりの価格	単位
灯油	36.7	MJ/ℓ	61	円/ℓ	1.66	円/MJ
都市ガス	45	MJ/㎥	170	円/㎥	3.78	円/MJ
プロパンガス	99	MJ/㎥	540	円/㎥	5.45	円/MJ
電気(COP1)	3.6	MJ/kWh	26.22	円/kWh	7.28	円/MJ
電気(COP2)	7.2	MJ/kWh	26.22	円/kWh	3.64	円/MJ
電気(COP3)	10.8	MJ/kWh	26.22	円/kWh	2.43	円/MJ
電気(COP4)	14.4	MJ/kWh	26.22	円/kWh	1.82	円/MJ
電気(COP5)	18	MJ/kWh	26.22	円/kWh	1.46	円/MJ

[図2] 灯油18ℓ小売価格の推移

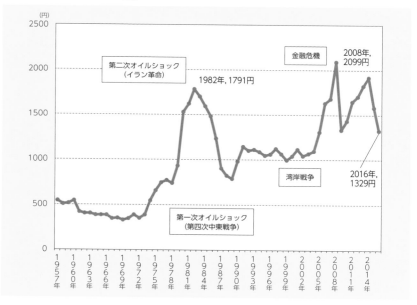

METHOD
53

COP3を超えると
暖房の熱源は電気が安価

Point
①
**COP1の電気ストーブなどは圧倒的に高くつき、
COP2でも灯油の方が安く上がる**

<<←

Point
②
**COP3だと灯油価格が急落したとき以外は
エアコンが安上がりになる**

>>>

Point
③
**COP4だと9割以上の期間で灯油よりエアコンが安く、
COP5だと全期間でエアコンが安い**

<<←

METHOD52に続いて、熱源ごとの光熱費を検証する（**図1〜5**）。
ここでは電気にフォーカスし、COPごとの光熱費の違いを見ていく。プロパンガスは明らかに高額であり、プロパンガスで暖房している人は極めて少ないので比較対象から外し、主に安価な灯油と比較した。

前項で述べたように、COP1の電気ストーブやオイルヒーターなどは時期を問わず圧倒的に高くつく（**図1**）。

次はCOP2の場合だ（**図2**）。エアコンの容量選定や稼働方法が不適切であったり、建設地が寒冷地などの場合、エアコンの効率が下がってCOP2になることもある。その場合の光熱費は灯油の方が安く上

がる。

　COP3はエアコンの平均的な運転状態だ。COP3になると2016年のように灯油価格が急落したとき以外はエアコンの方が安上がりとなる（**図3**）。COP4になると9割以上の期間においてエアコンの方が安くなる（**図4**）。そしてCOP5では全期間で灯油よりエアコンが安くなる（**図5**）。

　では実際の熱源選択はどうなっているだろうか。2013年度の日本の家庭の暖房エネルギー消費量の比率は（**図6**）となる。これまで最も安価だった灯油の比率が圧倒的に高い。2006年度の各地域の主要暖房エネルギーの比率を表したのが**表**だ。少し古いデータだが、沖縄以外の全地域が暖房熱源を灯油に頼っている実態が浮き彫りになる。

　ちなみに関東以西の住まい手は、灯油の暖房器具=小型石油ファンヒーターと連想する。ファンヒーターは煙突がなく、二酸化炭素などの燃焼ガスを室内に吹き出して空気を汚染する暖房器具だ。灯油の暖房器具を用いる場合、排気用の煙突がついたFF式の製品を使用するようにしたい。

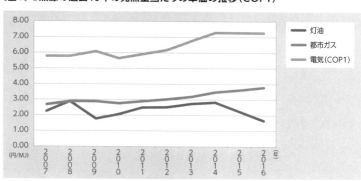

［図1］3熱源の過去10年の発熱量当たりの単価の推移（COP1）

[図2] 3熱源の過去十年の発熱量当たりの単価の推移（COP2）

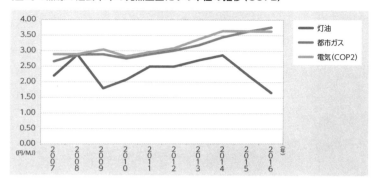

[図3] 3熱源の過去十年の発熱量当たりの単価の推移（COP3）

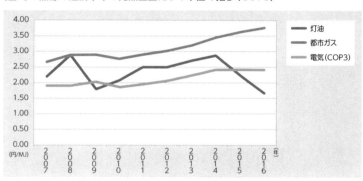

[図4] 3熱源の過去十年の発熱量当たりの単価の推移（COP4）

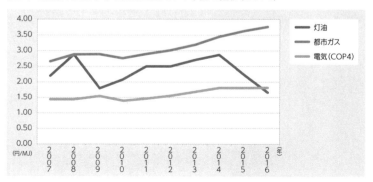

[図5] 3熱源の過去十年の発熱量当たりの単価の推移（COP5）

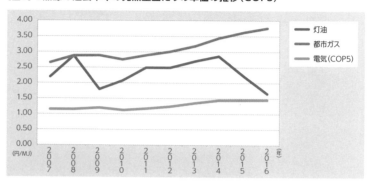

[図6]
暖房エネルギー
消費量の比率
（2013年度）

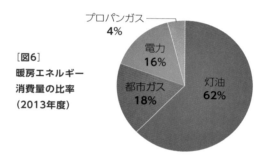

プロパンガス 4%
電力 16%
都市ガス 18%
灯油 62%

[表] 各地域の主要暖房エネルギーの比率（2006年度）

	灯油	プロパン	都市ガス	電気	その他
北海道	98.2%	0.2%	0%	0.8%	0.8%
東　北	90.3%	0.2%	0.1%	8.4%	1%
関　東	68.2%	1.8%	2.8%	25.9%	1.3%
中　部	77.8%	1.2%	2.2%	18.3%	0.5%
近　畿	71.7%	1.3%	3.3%	23.3%	0.4%
中　国	71.3%	0.7%	0.3%	27.7%	0%
四　国	59%	1.5%	0.5%	38.3%	0.7%
九　州	62.6%	0.9%	0.3%	35.4%	0.8%
沖　縄	2.8%	0%	0%	78.9%	18.3%

METHOD
54

冷暖房を1台でカバーする
エアコンが空調の基本

Point
①
**輻射型暖房器具は暖かさを感じやすいが、
梅雨〜夏の快適性が保つ除湿・冷房ができない**

Point
②
**高断熱高気密の躯体にエアコン2台を採用し、
暖房は下階、冷房は上階から行うのが基本**

Point
③
**薪・ペレットストーブは、高断熱高気密化と
冷房・除湿対策を実施した上で採用する**

METHOD53で解説したように、光熱費の面からはCOP3以上で運転したエアコンが最も費用対効果が高くなる。一方、快適性の面から言えば、住宅の断熱性能が多少悪くても、暖かさを実感しやすい輻射型暖房器具は魅力的だ。

だがエアコンの代わりにそれらを採用するのは、冷房と除湿を諦めることになってしまう。また、薪ストーブやペレットストーブ以外の暖房機器の場合、光熱費だけではなく一次エネルギー消費量も増大するので、省エネルギーの面から見ても評価は低くなる。さらにエアコンと輻射型暖房器具の双方を採用するのは、暖房設備の二重投資となり、コストや設置場所の点で合理的な選択とは言えない。

これらを勘案すると、予算に余裕のある建て主が、高断熱高気密とエアコンによる冷房・除湿対策を十分に実施した上で、さらなる暖房の快適性を狙ったり、一次エネルギー消費量を削減しようとする場合に薪ストーブやペレットストーブを採用するのが自然だろう。

　上記のケースを除くと、まずはエアコン2台で快適性を保てる暖房負荷の家を提供するのが基本となる。上級者であれば、冷房負荷によってはエアコン1台でも家全体の冷房を賄うことができるが、やや難易度の高いダクト施工が必要となることと、故障したときに応急的に使用できるエアコンがないのが難点だ。一般的には2台のエアコンを用いて、暖房は下階から、冷房は上階から行う方が効率もよく、「エアコンが効かない」といったクレームにもなりにくい。

　いずれにしても、エアコン暖房を効率よく行うには、室温を過度に上げずに快適な環境をつくることが必要だ。そのためには高い断熱気密性能が欠かせない。

ペレットストーブは
一次消費エネルギーが少ない暖房器具

スーパーで売られているペレット。
南欧を除くヨーロッパではかなり普及している

エアコンは運転方法で
効率が大きく変わる

Point
1
**過大な能力のエアコンを選ぶと
暖房の燃費効率が下がる**

Point
2
**日射遮蔽がなされたQ値1.6の住宅は
14畳用200V機種1台で家全体を冷房できる**

Point
3
**上記はエアコンの冷気が
循環する仕組みがあることが条件で連続運転を推奨**

ここからはエアコンの特性について見ていく。少々踏み込んだ内容になるが、実際の機器選定において役に立つ知識だ。

暖房用エアコンの選定に際して知っておきたいのは、同じエアコンでも運転方法で効率が大きく変わることだ。図は定格能力に対する暖房の処理能力の割合だ。

この図からは、①外気温が高いほど暖房効率がよい、②定格運転の4〜7割の負荷が最も効率よく運転できる、③効率が4割を下回ると急激に効率が落ちる、といったことが分かる。過大な能力のエアコンを選ぶと暖房の燃費効率が下がるのだ。

冷房用エアコンの場合は容量の選定が難しい。①日射侵入/内部発

熱により負荷が大きくなる、②計算しにくい潜熱負荷が発生する、③
冷房の効き具合の好みに個人差がある、などがその理由だ。

　筆者の経験から言うと、子供部屋2部屋+主寝室+α程度の住宅にお
いて、HEAT20のG2（UA値0.46[Q値1.6]）以上の断熱性能でC値1
以下、さらに日射遮蔽をしっかり行い、エアコンの冷気が各部屋に循
環する仕組みがある場合、14畳用の200V機種1台で家全体を冷房で
きる。ただしエアコンを各部屋につけた場合と比べて風量が少ないの
で、短時間で冷やすことは難しい。

　上記を踏まえて筆者が推奨するのは、盛夏には連続運転することだ。
適切な容量で連続運転することで、車の5速運転のような高い効率を
実現でき、冷房費は月4000円程度の住宅がほとんどだ。

　なお太陽光発電を設置している住宅の場合、暑い時期は発電量も多
いので、冷房の電気代を相殺する効果が非常に高い。

[図] エアコンの部分効率曲線（4kW以下）

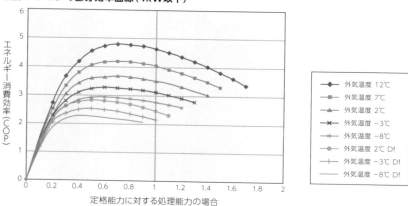

グラフは「定格能力に対する処理能力の割合」を示す。この図から①暖房は外気温が高いほど効率が良い、
②定格運転の4〜7割が最も効率よく運転できる場合が多い、③効率が4割を下回ると急激に効率が落ちると
分かる。最もエネルギー使用量が多い暖房に過大機種を選ぶと大きく燃費効率が下がる

METHOD
56

各部屋に設置するエアコンは
「最大能力×補正係数」で選ぶ

Point
1

**一番厳しい条件で、
その部屋の暖房・冷房負荷を計算する**

<<←

Point
2

**暖房・冷房負荷を
「最大能力×補正係数」で満たす機種を選択**

>>>

Point
3

**連続運転なら小さい機種、
間欠運転なら大きい機種が無難**

<<<

世の中に適切な冷暖房能力の機種を選定する方法はほとんど公表されていない。そうしたなか、筆者は機種選定の方法を何度かメディアで公表してきた。ここで紹介する方式はその決定版だ。

まず、各部屋の暖房負荷、冷房負荷を計算する（METHOD50参照）。仮に最も寒い瞬間の暖房負荷が730W、最も暑い瞬間の冷房負荷が1900Wとする。これは6地域における高断熱住宅だが、夏の日射遮蔽が行われていない場合の6畳間でよくある値だ。

まずは暖房負荷とカタログの暖房能力を対照させる（図）。この機種の場合、定格暖房能力は2.5kW＝2500W、最小暖房能力は0.7kW＝700W、最大暖房能力は6.2kW=6200Wだ。

暖房・冷房負荷とエアコンの能力を対照する場合、大事なのは最大能力だ。定格能力はカタログ上の「〇〇畳用」を決めるための数字だと考えて差し支えない。

この事例の暖房負荷（730W）は、むしろ最小能力（700W）に近く、畳数どおりに機種選定をすると能力が大きすぎることが分かる。一方、冷房負荷は1900Wと2倍以上もある。ただし最大能力は3.3kWあるため余裕がある。

暖房時 冷房時	**6** 畳程度

SHINKENDX-W(C)

希望小売価格 **330,000円(税抜き)**

室内SHINKENDX-W(C)/質量15kg 132,000円(税抜き)	室内電源タイプ 単100V Ⓛ 20A
室外KENDX/質量33kg 198,000円(税抜き)	配管 液 φ6.4 ガスφ9.5
長尺配管15M(チャージレス15M)	最大高低差12m

	畳数のめやす	能力(kW)	消費電力(W)
暖房	6〜7畳 (9〜11㎡)	2.5 (0.7〜6.2)	450 (110〜1,880)
冷房	6〜9畳 (10〜15㎡)	2.2 (0.6〜3.3)	425 (110〜960)

(JIS C 9612:2013)　　　　　　　　　(JIS C 9612:2005)

消費電力量 期間合計(年間) 630kWh	目標年度 2010年 Ⓔ	省エネ基準 達成率 115%	通年エネルギー 消費効率 6.7

寸法規定　低温暖房能力※4.5kW

ここでポイントとなるのは、暖房のカタログ値は外気温が7℃のときの測定値であり、外気温が5℃を下回ると極端に最大能力が落ちるという点だ。当然、実際の6地域における最低気温は7℃よりも低い。一方、冷房の場合は外気温35℃のときの測定値なので実際の使用条件に近い。逆に外気温が32℃を下回るとカタログ値以上の結果が出る。

こうしたエアコンの特性を踏まえて、機器選定に際しては**表**の赤い線で囲ったデフロスト補正係数を最大能力にかけた値を採用する。外気温が0℃の場合、6畳用エアコンの現実的な最大暖房能力は6.2kW×55.3%＝3.43ｋＷとなる

冬期など気温が5℃以下になるとエアコンの暖房効率が下がる

[表] 暖房の最大能力補正率

最低気温	温度補正	吹出補正	デフロスト補正
		80%	77%
10℃	106.4%	85.1%	85.1%
9℃	104.40%	83.5%	83.5%
8℃	102.40%	81.9%	81.9%
7℃	100.60%	80.5%	80.5%
6℃	98.80%	79.0%	79.0%
5℃	97.10%	77.7%	77.7%
4℃	95.40%	76.3%	58.8%
3℃	93.90%	75.1%	57.8%
2℃	92.40%	73.9%	56.9%
1℃	91.00%	72.8%	56.1%
0℃	89.70%	71.8%	55.3%
−1℃	88.50%	70.8%	54.5%
−2℃	87.40%	69.9%	53.8%
−3℃	86.30%	69.0%	53.2%
−4℃	85.30%	68.2%	52.5%
−5℃	84.50%	67.6%	52.1%
−6℃	83.60%	66.9%	51.5%
−7℃	82.90%	66.3%	51.1%
−8℃	82.30%	65.8%	50.7%
−9℃	81.70%	65.4%	50.3%
−10℃	81.20%	65.0%	50.0%

各部屋に設置するエアコンは
冷房能力で機種が決まる

Point
1

日射遮蔽をしていない場合、
冷房の余裕率は暖房の余裕率に比べて小さい

‹‹←

Point
2

日射遮蔽をしている場合、
冷房の余裕率は暖房の余裕率に近づく

→››

Point
3

各部屋にエアコンを設置する場合、
日射遮蔽の有無にかかわらず、
冷房能力で機種が決まる

‹‹←

METHOD56の事例に基づいて必要なエアコンの最大能力を検討してみたい。METHOD56より、冬の外気温が0℃の場合、6畳用エアコンの現実的な最大暖房能力は6.2kW×55.3％＝3.43ｋW となる。同様に冷房の最大能力に**表**の湿度補正の値を掛けて冷房の容量を算定する。夏の外気温が35℃とすると実際の最大冷房能力は3.3ｋW×96.2％＝3.17kWとなる。

　暖房能力の検討に関しては、暖房負荷730W＜最大暖房能力（補正後）3430W（余裕率4.7倍）となる。冷房能力の検討に関しては、冷房負荷1900W＜最大冷房能力（補正後）3170W（余裕率1.69倍）、といずれも余裕をもってクリアしている。それでも冷房の余裕率は暖房の

余裕率より明らかに小さい。これは日射遮蔽をしていないためだ。

　同じ部屋で日射遮蔽をしている場合の冷房負荷は1150Wとなるので、1150W＜3170W（余裕率2.76倍）となる。暖房との余裕率の差がかなり縮まるが、それでも冷房負荷の方が大きい。

　このように、各部屋にエアコンを設置する場合、日射遮蔽の有無にかかわらず、最大冷房能力で機器が決まる。6畳用エアコンより能力の小さな機種はないので、小さな部屋の場合、暖房負荷に対して、過大な能力の機種が選ばれることになる。それによってイニシャルコストが上がるだけでなく、ランニングコストも大幅に上がる。

[表] 冷房の最大能力補正率

外気温	温度補正	吹出補正	湿度補正
		85%	115%
39℃	96.50%	82.0%	94.3%
38℃	96.60%	82.1%	94.4%
37℃	97.00%	82.5%	94.8%
36℃	97.60%	83.0%	95.4%
35℃	98.40%	83.6%	96.2%
34℃	99.60%	84.7%	97.4%
33℃	101.00%	85.9%	98.7%
32℃	102.60%	87.2%	100.3%
31℃	104.50%	88.8%	102.1%
30℃	106.70%	90.7%	104.3%
29℃	109.20%	92.8%	106.7%
28℃	111.90%	95.1%	109.4%
27℃	114.90%	97.7%	112.3%
26℃	118.10%	100.4%	115.4%
25℃	121.60%	103.4%	118.9%

エアコンは6、10、14畳用から選択するとコスパが高い

Point
1
定格能力は機器を容量別に分けるためのもので、実際の暖房能力とは相関がない

<<<

Point
2
メーカーやシリーズを問わず、エアコンの能力は実質的には3ランクしかない

>>>

Point
3
エアコンは6畳用、10畳用、14畳用(200V)の機種がお買い得

<<<

エアコンの畳数表示はメーカーやシリーズで異なるが、大きく分けると6、8、10、12、14、18、20、23、26畳用の9ランクに分類されることが多い。

どのメーカーの機器も品番には「22」「25」といった数字が含まれている。この数字は冷房の定格能力の10倍となっており、RAS-ZJ22Gという機器であれば冷房定格能力は2.2kWとなる。

この定格能力という概念は曖昧だ。自動車にたとえると「最高出力280馬力」の横に「定格出力160馬力」と併記されているようなもので、何を指すのか分からない。

カタログを見比べると、定格能力が最大能力に比べて低い機種もあ

れば、最大能力と変わらない機種もある。定格能力は機器を9ランク
に分けるためのもので、実際の能力とは相関がないと考えるのが妥当
だ。

　暖房最大能力で9つの機種を比較すると、6畳用と8畳用、10畳用
と12畳用は同じ値であり、14畳以上はわずかに違うだけでほぼ同じ
値だ。これはメーカーやシリーズを問わず同様の傾向がある。エアコ
ンの能力は実質的には3ランクしかないのだ（図）。なお、14畳用が
2機種あるのは100V電源と200V電源の機器があるためだ。

　一方、冷房能力は階段状になっているが、エアコンは原理的に暖房
能力と冷房能力が比例関係になるので、商品として区別するために、
プログラムで最大冷房能力をカットしていると思われる。

　このようにエアコンは、実質的に3ランクでありながら価格は9ラ
ンクに分かれている。つまり、3ランクの各ランクで最も安価な6畳
用、10畳用、14畳用（200V）の機種がお買い得ということになる。

［図］エアコンの能力別ランク

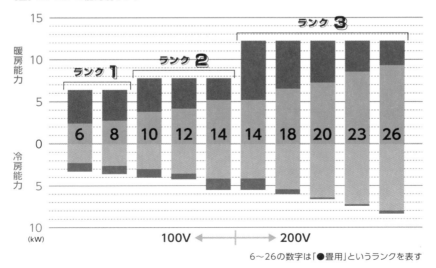

6～26の数字は「●畳用」というランクを表す

冷房用エアコンは
再熱除湿とカビ対策で選ぶ

Point
1
**再熱除湿は日立と富士通ゼネラルの
上位機種しか備えていない**

《《←

Point
2
**上位機種は冷房効率重視のため
除湿能力が劣る傾向がある**

》》》

Point
3
**富士通ゼネラルのエアコンは
99％加熱除菌できる機能を備えている**

《《←

　冷房用もしくは冷暖房兼用のエアコンは、梅雨時期の除湿能力が高いほうがよい。

　一般にエアコンの冷房は湿度だけを下げるのが苦手だ。夏に不快なのは温度よりも湿度だが、適切な湿度まで下げると温度が下がり過ぎて「寒い」と感じる人が増える。

　その点で有利なのが再熱除湿だが、その機能は日立と富士通ゼネラルの上位機種しか備えていない。ほかのメーカーは2015年ごろに採用をやめた。ダイキンは2019年から上位機種に再熱除湿とは謳わずに、冷房並みの消費電力で再熱除湿が可能な仕組みを備えたが、日立や富士通ゼネラルほどの除湿能力はない。

夏の冷房は、高断熱高気密と日射遮蔽がきちんとできていれば小さなエネルギーで済む。さらに太陽光発電を設置していれば、日中の発電で冷房の電力が賄える。

　こうした部分で省エネルギーに貢献していれば、多少の電力消費量が増えても、健康や快適、衛生面で優れる再熱除湿を採用すべきだろう。暑がりだが冷房が苦手であったり、家族間で冷房の好みが異なる場合など、梅雨だけではなく夏になってからも再熱除湿が有効な場面もある。

　もう1つの注意点は、上位機種のエアコンほど冷房運転時の除湿能力が劣る傾向があることだ。冷房効率を高めるために風量を増やし、冷風の温度を下げない設定にしているためだ。冷媒温度を下げないと室内機に取り込んだ空気が結露しづらいため、除湿能力が下がる。

　なお、冷房のためにエアコンを使う場合、内部で結露が発生するため、ほぼ間違いなくカビが生える。富士通ゼネラルのエアコンは99％加熱除菌できる機能を備えているため、筆者はそれを標準仕様としている。メーカーでは、冷房時期に週1回の頻度で除菌機能の利用を推奨している（図）。

[図] エアコンの加熱除菌の仕組み

富士通ゼネラルのカビ防止機能

①運転しながら
洗浄

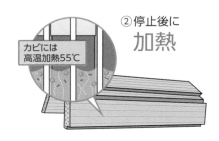

②停止後に
加熱

カビには
高温加熱55℃

夏の日射は冷房負荷に大きな影響を与える

Point
1
夏は太陽高度が高いので南の外壁より
屋根面の方が日射取得量は圧倒的に多い

<<<←

Point
2
外気温の高い時間帯の日射を受け、
西の外壁は高温になり、屋根はさらに高温に

>>>→

Point
3
室温27℃の場合、外壁と室内の温度差と
屋根と室内の温度差は約3倍の開きがある

<<<←

METHOD59では冷房用のエアコンの選定法を解説した。実際には必要冷房能力は日射の影響で変わる。南西に窓をもつ6畳間を例により詳細に検証してみる（**図3**）。

まず8月の外壁面に当たる日射量を算出する。**図1**のグラフより、夏は太陽高度が高いので南の外壁より屋根面の方が日射取得量は圧倒的に多いことが分かる。東も西も日射量はほぼ同じだが、夕方の外気温が午前中よりかなり高いため西の方が暑く感じられる。

次に各面の温度をソーラーデザイナーというソフトで計算した（**図2①②③**）。外壁は西面の温度が高い。外気温が最も高い時間帯に角度の低い日射が照りつけるためだ。屋根は54℃とそれ以上に高温だ。

実際には屋根材の表面は70℃を超えることもある。

エアコンの設定温度を27℃とすると、外壁面と室内の温度差と屋根面と室内の温度差は約3倍の開きがある。さらに冬の暖房時は暖気が上に移動する。あらゆる基準において屋根の断熱性能が壁より厳しい数値なのはそのためだ。

一般的な2階建ての場合、最も暑いのは2階の南西の角部屋となる。この部屋の南面に掃き出し窓16520、西面に16511という大きな窓を設置することを想定した（**図3**）。西面は03611の場合も検討した。**図3**の西面には2つの窓が描いてあるが、計算時はどちらか一方だけがあるものとして扱っている。

天井面、南壁、西壁の外側表面温度は**図2②**に基づいて計算した。内部発熱は人体しか見ていないが、南と西からの日射の影響の方が大きいので問題はない。なお、エアコンの顕熱比は考慮していない。結果はMETHOD61にまとめている。

[図1] 8月の外壁面に当たる日射量

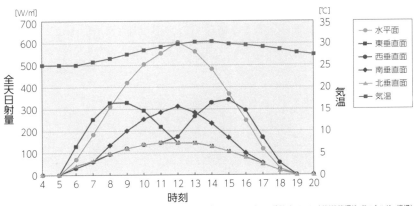

出典：「自立循環型住宅への設計ガイドライン」（財建築環境・省エネルギー機構）

[図2] 外部の違いによる8月の各面温度のシミュレーション

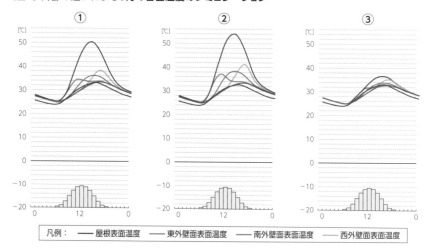

凡例： —— 屋根表面温度　　—— 東外壁面表面温度　　—— 南外壁面表面温度　　—— 西外壁面表面温度

① 外部色を一般的な仕様で明るめにした場合

	色	室外側 日射吸収率	最高時 外側表面温度	最高時刻
屋根	スレートシルバーグレー	0.75	50.34℃	14：00
東壁	クリームペイント	0.4	34.54℃	11：00
南壁	クリームペイント	0.4	36.37℃	15：00
西壁	クリームペイント	0.4	38.45℃	17：00
北壁	クリームペイント	0.4	33.1℃	16:00,17:00

② 外部色を特に配慮しなかった場合（若干濃い目）

	色	室外側 日射吸収率	最高時 外側表面温度	最高時刻	①に対する 温度差
屋根	スレート濃色	0.9	54.19℃	14：00	+3.85℃
東壁	コンクリ打放し	0.6	37.47℃	11：00	+2.93℃
南壁	コンクリ打放し	0.6	38.75℃	14：00	+2.38℃
西壁	コンクリ打放し	0.6	41.62℃	17：00	+3.17℃
北壁	コンクリ打放し	0.6	33.61℃	16：00	+0.51℃

③ 外部色を常識的にはほとんどないレベルまで明るくした場合

	色	室外側 日射吸収率	最高時 外側表面温度	最高時刻	①に対する 温度差
屋根	白色ペイント	0.2	36.56℃	15：00	−13.78℃
東壁	白色ペイント	0.2	32.8℃	16：00	−1.74℃
南壁	白色ペイント	0.2	34.02℃	15：00	−2.35℃
西壁	白色ペイント	0.2	35.26℃	17：00	−3.19℃
北壁	白色ペイント	0.2	32.59℃	17：00	−0.51℃

[図3] ある住宅の一番暑い6畳間の設定

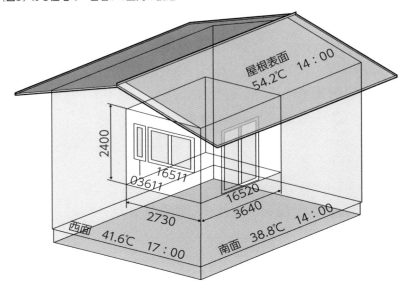

屋根表面 54.2℃ 14：00

2400

16511
03611

16520
3640

2730

西面 41.6℃ 17：00

南面 38.8℃ 14：00

■●◢ COLUMN-9

珪藻土だけでは十分な除湿は行えない

　珪藻土建材の除湿能力を過信する方がいる。実際の能力を検証してみる。東京の7月の平均絶対湿度は15.3g/kg。それに対して理想的な絶対湿度は13g/kgだ。梅雨の期間は約43日間、夏の終わりまでだとその倍になる。その期間快適な湿度を保つには延べ床面積35坪の住宅で370kgもの水蒸気を取り除く必要がある。珪藻土建材の壁が250m²だとすると、1m²当たり1.48kgの除湿が必要だ。

　某メーカーの資料によると、温湿度にもよるが除湿量は150g/m²。上記の必要除湿量の1/10だ。もちろん、エアコンなどで除湿をして、珪藻土建材が保持する水蒸気を抜けば一定の除湿効果は発揮するが、珪藻土建材だけで理想的な湿度が保てるほどの能力はないことを知っておきたい。

「日射遮蔽＋全館冷房」で カタログ値の3割で冷房できる

Point
1
日射への配慮がない住宅では、
カタログ通りのエアコンの容量選定が必要

《《←

Point
2
窓を遮熱Low-Eに変え、
西面の窓面積を減らすと必要冷房能力は4割減る

→》》

Point
3
上記に加え、南面に理想的な庇を設けると
必要冷房能力は5割に減る

《《←

METHOD60に引き続き、日射の影響と必要冷房能力の関係を検証する。

基本となる事例が**表①**だ。次世代省エネルギー基準の断熱性能で庇がなく、窓の遮熱が考慮されていない。外気温は35℃だ。こうした日射への配慮がない住宅では5.8畳相当とカタログ通りの機種選定が必要になる。

表①の住宅をもとに、窓を遮熱Low-Eに変えた住宅が**表②**だ。これだけで必要な能力は約600W減り、冷房能力は**表①**の72%で済む。それでも4.2畳相当の能力が必要だ。

表②の西の窓を小さくしたのが**表③**だ。**表②**から210W減り、**表①**

の62%、3.6畳相当まで下がる。**表③**の南面に理想的な庇を設けると、**表③**から208Wも減る**表④**。**表①**との比較では52%とカタログ表記の半分の冷房能力で対応できる。

　表⑤は、表④を全館冷房とした場合の検討だ。上下左右に隣接する各部屋と温度が同じと仮定するので、住宅内部での熱のやりとりが存在しない。計算してみると部分間欠冷房の場合、隣室から伝わるエネルギーは意外に大きい。その結果、**表④**と比べて323W削減となり、**表①**の37%とカタログ表記のほぼ1/3の冷房能力で冷房できる。

　部分間欠冷房は運転開始直後の1〜2時間で多くのエネルギーを消費する。絶対湿度の管理のしやすさ、太陽光発電との光熱費の相殺効果が高いことも含めると、高断熱で日射遮蔽が考慮され、太陽光発電を導入した住宅における全館冷房は無駄ではない。

[表] ある住宅の一番暑い6畳間に必要な冷房能力の計算結果

外気温度35℃　非冷房室温度35℃　冷房設定温度27℃
外気絶対湿度22g、室内絶対湿度13g/kg　として計算
Q値2.7、C値2で計算
最大冷房能力は定格冷房能力の1.325倍として計算

日射侵入率
普通ペアガラス庇なし0.79
遮熱Low-Eペアガラス庇なし0.42
遮熱Low-Eペアガラス庇あり0.21

① 次世代省エネ基準で一切の日射遮蔽考慮がない場合

	面積	U値	温度差	顕熱	潜熱		対暖房倍率（定格時）	対暖房倍率（最大冷房時）
天井（上は外部）	10	0.2	27.2	60W		Q値2.7	3.6倍	2.7倍
東側間仕切壁	6.55	1.6	8	84W		Q値1.9	5.1倍	3.9倍
南側外壁（窓除く）	5.43	0.5	11.8	29W		Q値1.5	6.6倍	5.0倍
西側外壁（窓除く）	5.05	0.5	14.6	33W		Q値1.0	10.3倍	7.8倍
北側間仕切壁	8.73	1.6	8	112W				
床（下は1階室内）	10	1.6	8	128W				
南窓16520（普通ペア）放射	3.3			782W				
同上　伝導 U値3.5	3.3	3.5	11.8	136W				
西窓16511（普通ペア）放射	1.5			414W				
同上　伝導 U値3.5	1.5	3.5	14.6	77W				
人間1名				63W	69W			
換気による顕熱				39W				
換気による潜熱					105W			
各合計				1956W	174W			
総合計					2130W			
各比率(%)				92%	8%			

注 次頁の②〜⑤は①の変更箇所のみを抽出

エアコンメーカー表記なら　5.8畳相当

② 次世代省エネ基準で庇なしでガラスだけ遮熱Low-Eに替えた場合

	面積	U値	温度差	顕熱	潜熱		対暖房倍率 (定格時)	対暖房倍率 (最大冷房時)
南窓16520(Low-Eペア)	3.3			416W		Q値2.7	2.6倍	1.9倍
同上 伝導 U値2.9	3.3	2.9	11.8	113W		Q値1.9	3.7倍	2.8倍
南窓16511(Low-Eペア)	1.5			221W		Q値1.5	4.8倍	3.6倍
同上 伝導 U値2.9	1.5	2.9	14.6	64W		Q値1.0	7.4倍	5.6倍
各合計				1361W	174W			
総合計					1535W			
各比率(%)				89%	11%	初期条件比72%		

エアコンメーカー表記なら　4.2畳相当

③ ②から西の窓を03611に縮小した場合

	面積	U値	温度差	顕熱	潜熱		対暖房倍率 (定格時)	対暖房倍率 (最大冷房時)
西窓03611(Low-Eペア)	0.4			58W		Q値2.7	2.2倍	1.7倍
同上 伝導 U値2.9	0.4	2.9	14.6	17W		Q値1.9	3.2倍	2.4倍
各合計				1151W	174W	Q値1.5	4.1倍	3.1倍
総合計					1325W	Q値1.0	6.4倍	4.8倍
各比率(%)				87%	13%	初期条件比62%		

エアコンメーカー表記なら　3.6畳相当

④ ③から南の窓に庇を設置した場合

	面積	U値	温度差	顕熱	潜熱		対暖房倍率 (定格時)	対暖房倍率 (最大冷房時)
南窓16520(Low-Eペア)	3.3			208W		Q値2.7	1.9倍	1.4倍
同上 伝導 U値2.9	3.3	2.9	11.8	113W		Q値1.9	2.7倍	2.0倍
各合計				943W	174W	Q値1.5	3.5倍	2.6倍
総合計					1117W	Q値1.0	5.4倍	4.1倍
各比率(%)				84%	16%	初期条件比52%		

エアコンメーカー表記なら　3.0畳相当

⑤ ④(部分間欠冷房)から全館冷房に変更した場合

	面積	U値	温度差	顕熱	潜熱		対暖房倍率 (定格時)	対暖房倍率 (最大冷房時)
東側間仕切壁	6.55	1.6	0	0W		Q値2.7	1.3倍	1.0倍
北側間仕切壁	8.73	1.6	0	0W		Q値1.9	1.9倍	1.4倍
床(下は1階室内)	10	1.6	0	0W		Q値1.5	2.5倍	1.9倍
各合計				620W	174W	Q値1.0	3.8倍	2.9倍
総合計					794W			
各比率(%)				78%	22%	初期条件比37%		

エアコンメーカー表記なら　2.2畳相当

METHOD
62

風量を生かせると
エアコンの効率は高まる

Point
1
**エアコンの風量は0〜1300㎥/h程度まで変動し、
吹き出し口の温度も変化する**

>>>

Point
2
**暖気や冷気を行き渡らせるには、
設定温度を上げるより風量を増す方が効率がよい**

>>>

Point
3
**小屋裏エアコン冷房を行う場合、
風量と温度差の公式で検証し、破たんがないか確認**

<<<

METHOD61までのエアコンの選定方法に加え、風量の影響について解説する。

エアコンの風量は0〜1300㎥/h程度まで変動し、吹き出し口の温度も変化する。では、空気が運べる熱量（W）はどのくらいか。それは、**0.34W/㎥K×風量（㎥/h）×温度差（K）＝暖冷房能力（W）**で計算できる。

風量600㎥、吹き出し口温度15℃、室温27℃でエアコンを運転している場合、0.34×600×12＝2448Wとなり、6畳用エアコンの定格能力2200Wより少し大きな熱量を運んでいる状態と分かる。

この式より、同じ熱量を運びながら消費電力を減らすには、風量を

増やすか温度を変化させればよいと分かる。風量はファンの回転数を上げれば増えるので消費電力は40W程度で済む。一方、温度を変化させるには大きな電力が必要となる。風量を増やすのは有効だ。

　経験上も風量は重要である。エアコンは必要能力ぎりぎりの機器を選ぶとイニシャル・ランニングコストともに安価になるが、床下エアコンの場合、風量不足だと温度ムラが生じることがある。温度ムラを回避するには、風量の大きな機器を選択するとよい。

　風量の検討は小屋裏エアコン冷房を行う場合も重要だ。この場合、前記した公式と照らし合わせて全体の冷房計画に破たんがないか確認する。

　この方式は、小屋裏から2階の居室や吹き抜けにムラなく冷気を落とすためにダクトファンを使うことがある。風量100㎥/hのダクトファンを使い、吹き出し温度15℃の冷気を室温27℃の居室などに送る場合、届けることができる熱量は0.34W/㎥K×100㎥×(27-15)＝408Wとなる。この冷房能力が最大負荷を上回っているかを検証しておく必要がある。小屋裏エアコン冷房は地味な方法だが技術的には非常に難しく、かたちだけ真似をすると確実に失敗する。

小屋裏エアコンを採用した事例

小屋裏から下階に冷気を落とすためのエアパスファン

METHOD 63

全館空調の方式は
11種類もある

Point
1
2019年ごろから住宅業界は全館空調ブーム。
30以上のシステムが発売されている

Point
2
全館空調システムは30製品以上あるが
大きくは11方式に分類できる

Point
3
全館空調システムの価格は
原価300万円から原価130万円に値下がりした

20 19年ごろから業界で全館空調がブームだ。筆者が知るだけでも30以上の全館空調システムがある。大半の住宅会社は、自力で容量選定やシステム構築ができないので、パッケージ化された全館空調の需要は大きい。

一昔前、全館空調は原価300万円近かった。現在は原価130万円からと値下がりしたが、それでも標準仕様にはしづらい価格だ。

全館空調は下記の方式に整理できる。

①**床下エアコン暖房**：壁掛けエアコンの暖気を床下に送る。暖房専用。通称西方方式。④と組み合わせることもある

②**床下エアコン冷暖房**：床置エアコンの暖気の半分を床下、半分を床上に送る。冷房時は床上にのみ冷気を送る。冷暖房兼用。通称松尾方式

③**小屋裏冷房1**：2階の冷房のみ。①と組み合わせることもある

④**小屋裏冷房2**：家全体の冷房

⑤**小屋裏冷暖房**：家全体の冷暖房

⑥**階間エアコン**：家全体の冷暖房。階間（1階天井裏）に暖気や冷気を送る（**図**）

⑦**ダクトエアコン1台方式換気非連携型**：家全体を1台のダクトエアコンで冷暖房

⑧**ダクトエアコン2台方式換気非連携型**：ワンフロアごとに1台のダクトエアコンを設置してフロアごとに冷暖房

⑨**ダクトエアコン1台方式1種換気連携型**：家全体を1台のダクトエアコンで冷暖房。第1種換気の換気経路を兼ねる

⑩**ダクトエアコン2台方式1種換気連携型**：階ごとに1台のダクトエアコンを設置して冷暖房。第1種換気の換気経路を兼ねる

⑪**給気冷暖房方式**：第1種換気のルートに小さなヒートポンプを追加する方式

　このほか吹き抜け空間にエアコン1台を置く手法もあるが、就寝時に建具を閉めると家全体をムラなく空調するのは難しいので除外した。次項にこれらの特徴をまとめる。

[図] 階間を使ったエアコンによる全館空調

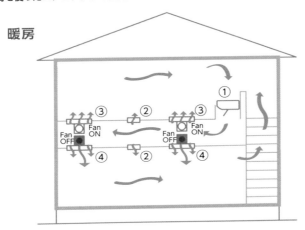

暖房

2階床下エアコンによる全室暖房

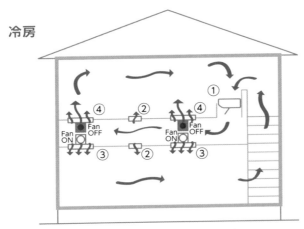

冷房

2階床下エアコンによる全室冷房

①壁掛けエアコン　②自然吹きだしガラリ　③Fan付き吹きだしガラリ(FAN OFF)　④Fan付き吹きだしガラリ(FAN ON)

ファン付きガラリを適宜併用設置する。

ファンは暖房時には下向き、冷房時には上向きに運転する。

新木造住宅技術研究協議会・代表理事の鎌田紀彦氏（室蘭工業大学名誉教授）が発案したシステム

METHOD
64

全館空調の各方式の
メリット・デメリット

Point
1
床下エアコン暖房は設計施工ともに容易。
ただし床下に冷風を吹き込むのは厳禁

‹‹←

Point
2
小屋裏エアコン冷房は
冷房負荷や小屋裏ファンの風量計算などが必須で
設計の難易度が高い

›››

Point
3
ダクトエアコン方式は施工の難易度が高く、
ダクトに問題があるとクレームになりやすい

‹‹←

M ETHOD63で整理した、全館空調について各方式のメリットと
デメリットをまとめる。

. . . .

①②床下エアコン暖房：基本的にダクトが不要なため、設計施工が
容易で、ムラなく家全体を暖めることができる。注意点は床下に
冷気を送って冷房に用いないこと。結露のリスクが生じるほか床
面が冷えて不快になる。

. . . .

③④小屋裏エアコン冷房：この方式は床下エアコンと組み合わせて
採用する工務店が多いが、ファンやダクトが必要で設計の難易度

は高い。各部屋の冷房負荷計算、それを超える冷房能力を発揮させる小屋裏ファンの風量選定、運転方法のすべてが機能しないと涼しさが得られない。大半の工務店が計算せずに採用し、容量が不足するか過大になって失敗している。

⑤小屋裏エアコン冷暖房：この方式についてはMETHOD66で触れているので割愛する。

⑥階間エアコン空調：壁掛けエアコン1台を2階床に設置し、階間（1階の天井裏）に暖気と冷気を送り、冷暖房を行う。1階天井と2階床に小型ファンを埋め込み、風量不足を補う。エアコンが1台で済むのが利点だが、暖房時は1階、冷房時は2階がやや効きづらい。

⑦～⑪ダクトエアコン方式全般：この方式は設計、施工とも難しい。特にダクトの設計や施工に問題があると「効かない」「ムラがある」などのクレームになりやすい。冷房で失敗するとダクト内の結露やカビの発生にもつながる。そのため設計施工を専門工事会社に外注することが多く、コスト増につながる。

本体機器には寿命があり、約10年ごとに高額の交換費用が発生する。この点について建て主の理解を得ておかないと、故障後には放置されてしまう。設計や施工、維持管理のすべてを引き受ける覚悟と体制がない場合、採用するべきではない。

給気ダクト内に発生したカビ。除去するには専門の清掃会社に依頼する
出典：日本ウイントン

ダクトエアコンを用いた全館空調の特徴

> **Point 1**
> エアコン1台は設置費用と光熱費が安価。
> ただし、暖冷房の安定性は2台方式が優る
>
> ‹‹←

> **Point 2**
> 一種換気連携型は給気を
> ダクトエアコンで加温（加冷）してから各部屋に送る
>
> →››→

> **Point 3**
> 一種換気連携型は冷暖房の風量で室内が負圧化し、
> 外気が過度に侵入するのを逆止弁で防ぐ
>
> ‹‹←

METHOD64に引き続き、ダクトエアコンを用いた方式の特徴をさらに見ていく。

⑦⑨**ダクトエアコン1台方式**：機器が1台で済むので価格が抑えられるが、ダクトが必要な分設計施工の難易度は高まる。暖房時は1階が2階より寒く、冷房時は2階が1階より暑くなりやすい。

⑧⑩**ダクトエアコン2台方式**：この方式は階ごとの温度調節が容易だが、機器代が高くつく。また、家の断熱性能に対して機種の能力が過大になるのでランニングコストも高くなりやすい。

⑦⑧**換気非連携型**：換気と冷暖房が完全分離したシンプルな仕組み。換気はダクトレスの第1種換気か第3種換気を使う。

⑨⑩**1種換気連携型**：戸建て住宅の換気に必要な風量は約150㎥/h、冷暖房は600㎥/h以上と大きく異なる。ビル空調では冷暖房と換気のダクトを分けるが、住宅は小さな建物なので大口径の冷暖房用ダクトを併設するのは考えにくい。そこで、第1種換気の給気をダクトエアコンで加温（加冷）して各部屋に送る方式が考案された。ダクトエアコンには、この方式に対応したダイキン製が多用される。ただし、第1種換気とエアコンを接続するだけでは、冷暖房の風量の影響で室内が負圧になり、過度に外気を吸い込みかねない。それを避けるために逆流防止弁を設置する（**図**）。

⑪**給気冷暖房方式**：第1種換気連携型に近いがダクトエアコンではなく、小型のヒートポンプで給気を加温（加冷）する。冷房負荷が極めて小さい超高性能住宅向けの方式だ。

[図] **1種換気連携型の全館空調の例**

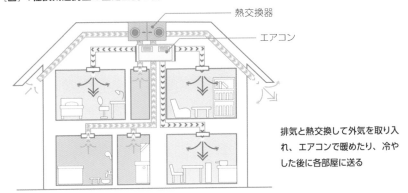

熱交換器

エアコン

排気と熱交換して外気を取り入れ、エアコンで暖めたり、冷やした後に各部屋に送る

エアコン1台による
全館冷暖房の特徴

Point
1
1台方式はエアコンを小屋裏に設置。
床下までダクトスペースでつなぎファンで暖気を送る

‹‹‹

Point
2
この方式は導入費が抑えられるが、
暖房時にファンを回すため電気代が850円/月増加

›››

Point
3
この方式は故障時に交換するまで
暑さ・寒さを我慢する必要があり、特に暑さは堪える

‹‹‹

断 熱性能を高め、日射を制御することで、1〜2台のエアコンで家全体を暖めることができる。能力的には1台による小屋裏冷暖房でも十分に賄えることが多いが、プランや暮らし方、暖かさや涼しさの好みによっては2台を用いる床下エアコン+小屋裏エアコンのほうが適している。

　筆者は小屋裏冷暖房の場合、小屋裏にエアコンを設置したうえで小屋裏から床下まで大きなダクトスペースを通し、大型ファンで床下に暖気を送っている（図）。プランによってはダクトを通すことができないので、その場合はこの方式は採用できない。

　小屋裏冷暖房のメリットは、コストが抑えられることだ。導入費用

はもちろんメンテンナンス費用や交換費用も1台分で済む。デメリットは暖房時に大型ファンが回りっぱなしになるので、常に40Wを消費し続ける。このことで電気代が月に850円程度増加する。

　また、夏や冬にエアコンが故障した際、修理や交換が終わるまで暑さや寒さを我慢しなければならない。特に問題なのは夏だ。冬は高断熱住宅であればそれほど室温は下がらず、一時的に灯油ファンヒーターなどでしのぐこともできるが、冷房は応急処置ができない。

　小屋裏設置のデメリットは、小屋裏のように暖かい場所にエアコンを置くと暖房効率が下がることと、暖房時の温度センサーが小屋裏の温度を拾うため1階の温度制御が2台方式より劣ることだ。なお、1階の床面積が大きいときは大型ファン1台では容量が不足する場合があるので注意したい。

[図] エアコン1台方式の全館冷暖房の例

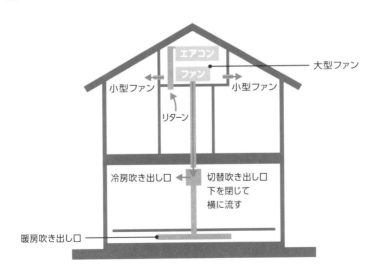

エアコン2台による
全館冷暖房の特徴

Point
①
**2台方式は床下と小屋裏にエアコンを設置し、
夏と冬で使い分ける**

>‹‹←

Point
②
**あらゆるプランに柔軟に対応でき
導入費は嵩むが光熱費は1台方式より安価**

›››

Point
③
**暖房時の温度制御が的確に行え、
故障時にもう1台を稼働させてしのげる**

‹‹←

METHOD66に引き続き、エアコン2台方式のメリットとデメリットについて解説していく。

筆者はエアコン2台を設置する場合、床下エアコン暖房と小屋裏エアコン冷房を組み合わせる（図）。それぞれを季節によって使い分けるようにしている。

前項で解説した小屋裏エアコン冷暖房は、小屋裏と床下をダクトスペースでつなぐことが前提となり、プランによっては採用できない。一方、エアコンを2台設置する方式は、どのようなプランにも対応することができる。また、小屋裏冷暖房に比べて、ランニングコストは確実にこちらのほうが抑えることができる。また、暖房時の温度セン

サーが1階床付近の温度を拾うため温度制御が的確に行えるのもメリットだ。

エアコンの故障時にも対応がしやすい。同時に2台壊れることはまずないので、1台壊れてももう1台で応急処置としては十分にカバーできる。冬に床下エアコン暖房が壊れた場合、小屋裏のエアコンを暖房として使用すると1階もそれなりに暖かくなる。夏に小屋裏エアコン冷房が壊れた場合、一時的に床下のエアコンを冷房運転し、サーキュレーターで上向きに冷気を送るか、小屋裏エアコンの冷気を行き渡らせるためのファンを正逆運転可能なカウンターアローファンにしておけば、小屋裏にある程度冷気を送ることができる。

デメリットとしては、イニシャルコストが1台方式より少し高いこと、上記にランニングコストを足したトータルコストも少しだけ高くなることだ。また、1階の一部の場所を食うので邪魔になることがある。

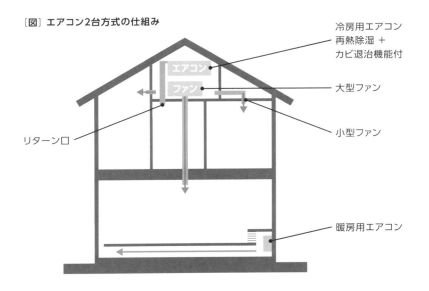

［図］**エアコン2台方式の仕組み**

冷房用エアコン
再熱除湿 ＋
カビ退治機能付

大型ファン

小型ファン

リターン口

暖房用エアコン

床下エアコンは
建物全体に暖気を拡散させる

Point
1
床下エアコンは床面を暖め、上下温度ムラを解消し、
ダクトなしでトイレや洗面脱衣室を暖められる
<<<←

Point
2
床下エアコンを使わない場合、LDK上部でトイレ・
洗面と配管でつなぎ、換気扇でLDKの暖気を引く
>>>→

Point
3
②の方式の場合、上部から暖気が入るので廊下からの
冷気が浸入しづらくなり、室温維持効果が期待できる
<<<←

　METHOD67では全館空調のメリット・デメリットを解説した。そのなかで、採用しやすい床下エアコンを採用した住宅の熱移動を見てみる。

　図1が床下エアコンの熱の移動だ。床の表面が暖かくなる快適性と上下温度ムラの解消に加え、配管せずにトイレや洗面脱衣室を容易に暖かくできることがよく分かる。HEAT20のG1やG2レベルの住宅で1階水回りを暖かくするには、床下エアコンが最も簡便な方法だ。この方式以外だと、ある程度のダクトが必要となるので、前項で紹介したダクト式の空調を導入することになる。

　ちなみに、1階水回りを暖かくするだけなら、床下エアコンよりさ

らに簡単な方法もある。LDKの上部トイレや洗面脱衣室とダクトなどでつなぎ、トイレや洗面脱衣室に付いている排気用の換気扇を回してLDK上部の暖気を引っ張るやり方だ（**図2**）。

空気が運べる熱量（W/h）は、0.34W/㎡K×風量（㎥/h）×温度差（K） で計算できる。まず脱衣室の換気扇の風量は30㎥/h、ダクトから得られる暖気がその半分の15㎥とする。そして、非暖房室の室温が10℃、LDKが20℃、LDK上部の空気が23℃とする。両者の条件から、0.34×15×（23－10）＝66Wの熱を運べることが分かる。

一方、洗面脱衣室を室温20℃に保つのに必要な熱量を計算する。洗面脱衣所の面積を1坪（3.3㎡）、Q値は2とする。この条件で計算すると2W/㎡K×3.3㎡×（20－10）＝66Wとなる。偶然だがまったく同じ値となり、室温維持効果が期待できることが分かった。上部から暖気が入るので廊下から冷気が足元に進入しにくくなる効果も期待できる。この方法も検討する価値がある。

[図1] 床下エアコンの熱の移動　　　　　[図2] トイレや洗面脱衣室を暖める方法

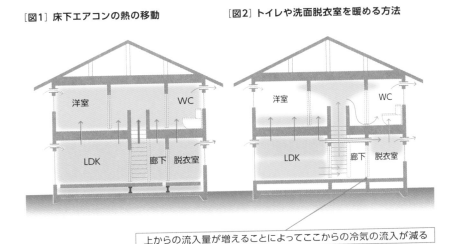

洋室　　WC　　LDK　　廊下　脱衣室

上からの流入量が増えることによってここからの冷気の流入が減る

床下エアコンに用いるエアコンは
センサーの位置と横幅に注意

Point
1
床下エアコンの場合、
温度センサーが本体上部についている機種を選ぶ
‹‹‹←

Point
2
床下エアコンの場合、大引間に納まる幅で
奥行が小さい機種が設置しやすい
→›››

Point
3
ZEHなどの補助金を利用する場合、
「い」の区分の機種を選択する
‹‹‹←

METHOD68で述べたように床下エアコンはトイレや洗面脱衣室を容易に暖かくできる。ポイントはいくつかあるが、ここでは機器選定のポイントについて解説する。

　壁掛けエアコンを床下エアコンに用いる場合、最も重要なのは温度センサーが本体上部かリモコン側にある機種を選ぶことだ（図）。床下エアコンは床下のほうが温度が高いので、センサーが床下に位置していると、室内の温度が上がりきる前に停止してしまう。カタログにはセンサーの位置は書かれていないので現物を確認する必要がある。

　床下エアコンの場合、エアコンは大引の間に取り付ける。一般に大引間は805mmであることが多い。両サイドクリアランスを10mmずつ

見るとエアコン幅は785mm以下、可能であればさらに小さいと納め
やすい。これより大きな機種の場合、大引間を広げる必要がある。

奥行も影響する。高性能機種になるほど奥行は大きくなる。設置の
際にはエアコンの手前にメンテナンススペースも必要だ。奥行の大き
な機種を選ぶと設計時に設置に困ることになる。

下位機種は奥行の小さいものが多いが、ZEHなど補助金の申請時
には省エネルギー法における定格冷房エネルギー消費効率区分「い」
の機種が求められることが多い。「い」は上位機種であり、冷房だけ
でなく、通年での空調効率（APF）も中上位機種や下位機種よりも
優る。この「い」の上位機種のなかにも床下エアコン向きの比較的奥
行が小さい機種がある。なお、床下エアコンは暖房専用なので冷房や
除湿に関する機能にこだわる必要はない。

[図] **センサー付きリモコン**
（三菱電機MAスマートリモコン）

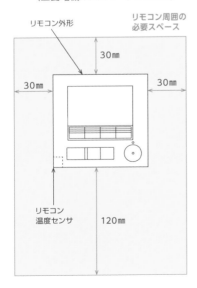

リモコン外形
リモコン周囲の
必要スペース
30㎜
30㎜　　30㎜
リモコン
温度センサ
120㎜

上の写真のようにエアコン下部に
センサーがついている機種は不可

METHOD

70

床下エアコンの設置と
床下の構造のポイント

Point
1

エアコンは納戸やクロークの下部か
テレビ台に組み込むとプランを邪魔しない

<<<

Point
2

エアコン周囲を密閉すると、
離れた場所まで暖気が届き、床下全体に行き渡る

>>>

Point
3

基礎の人通口を多めに取り、
通気パッキン上に大引を敷いて暖気の通り道を確保

<<<

床下エアコンには設計上、注意すべき点がいくつかある。これらについて配慮を欠くと、「効かない」というクレームを生みかねない。

まずは配置場所だ。壁掛けエアコンは意外に大きく、プランをまとめる上で配置場所に困ることが多い。多くの場合、納戸・クロークの下部に設置するか、リビングのテレビ台にエアコンを組み込むことになる。この2つはプランの邪魔になりにくく有効だ。

床下エアコンを機能させるためには、エアコンからの暖気をまんべんなく床下に行き渡らせることが重要だ。そのためのポイントがいくつかある。

次にエアコンの設置方法だ。床下エアコンの場合、エアコンの上部が1階の床面から飛び出す格好になるが、その周囲を隙間なく密閉し、床下に吹き出した暖気が1階側に漏れないようにする。この際、密閉の工夫に加えて周囲の床材などを取り外せるようにしておくと、メンテナンスがしやすくなる。

　エアコンの周囲を密閉することで、エアコンから吹き出す暖気の分だけ床下空間に圧力が掛かり、その圧に押されてエアコンから離れたところまで暖気が届く。結果として床下全体に暖気が行き渡る。

　暖気を行き渡らせるには床下の構造も大きく影響する。まずは構造的に問題のない範囲で人通口を多めに確保することだ。さらに内部の基礎天端を20mm下げ、同じ厚みの通気パッキンを設置する。通気パッキンの上に大引を敷くことで暖気が通る隙間ができる。

　より暖気を広がりやすくするために、内部の基礎を独立型にするやり方もある。その場合、J建築システムの「グリッドポスト」を使うのがよい（図）。内部を独立型にして、構造計算に適合するのはこのシステムだけなので非常に有効だ。

クロークの下部にエアコンを設置した事例

[図] グリッドポストシステムの概要

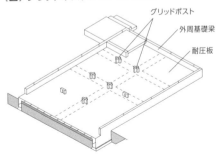

グリッドポスト
外周基礎梁
耐圧板

基礎内部の立上がりに「グリッドポスト」というプレキャストコンクリート部材を用いることで基礎工事の省力化とコストダウンを図る工法。立上がりが少ないことから、床下を空気が流れやすいため、床下エアコンと相性がよい

METHOD
71

床下エアコンの床ガラリや 運転方法のポイント

Point
1
**床下エアコンのガラリは、
10カ所以上バランスよく配置する**

〈〈←

Point
2
**ガラリの開口面積を大きめにすると
「暖まらない」などのクレームが出にくい**

→〉〉

Point
3
**日本海側や寒冷地は24時間運転、
温暖地は日射取得がある時間帯は運転を停止**

〈〈←

床下エアコンのポイントについて、METHOD70に引き続き解説していく。床下エアコンでは、床下に吹き込んだ暖気を1階の各スペースに招き入れるために、床面にガラリを設置する。延床面積にもよるが、ガラリは10カ所以上は設置したい。一定のエリアに偏らないようにバランスよく配置するのがポイントだ。

ガラリ自体の構造は問わない。既製品を用いてもよいし、フローリングに穴開け加工をしても構わない。ガラリの下部には床下にものやホコリが落ちないよう網を張っておく。

また、ガラリの開口面積は大きめにしたい。「暖まらない」といったクレームを出にくくするためだ。ここで重要なのは、開口部の実質

的な面積を広げることだ。ガラリ全体の寸法が大きくても、格子の間隔が狭いと開口面積は小さくなる。また、ホコリ防止の網の目の細かさも開口面積に影響する。

　床下エアコン暖房の運転方法は、日本海側や寒冷地は24時間運転が基本となる。温暖地においては、昼間の日射取得だけで室温が維持できている時間帯は、運転を停止した方が光熱費が掛からない。

　日射が得られる時間帯にエアコンを運転すると、超低負荷で運転することになり、効率が下がってしまう。また深夜電力料金が値上がりしたこともあり、深夜には連続運転を行わず、就寝時に停止したほうが光熱費が安くなることが多い。

　床置エアコンを使用する（松尾方式）場合、梅雨の時期に入ったら、除湿（もしくはドライ）モードで24時間運転をするのが基本だ。梅雨の終盤に差し掛かり暑さを感じ始めたら、除湿から冷房運転に変更する。冷房に関しては、9月後半の暑さを感じなくなる時期まで24時間運転を行うのが基本だ。

ガラリの材質は問わないが、開口面積は大きめにする

除湿よりも冷房運転のほうが省エネになる

> **Point 1**
> 最近の中・上位機種のエアコンは
> 冷房運転よりも除湿運転のほうが電気代が掛かる

> **Point 2**
> 再熱除湿は空気を暖める分、冷房より電気を消費する。
> 梅雨だけ除湿、夏は冷房が基本

> **Point 3**
> 除湿機の省エネ性はエアコンの再熱除湿より劣る。
> 梅雨時期の除湿は再熱除湿を使うべき

最後にエアコンの除湿機能について解説する。多くの住まい手は「冷房は除湿運転より電気代が掛かる」と勘違いしているが、実際はむしろ逆である。最近のエアコンは上位機種になるほど再熱除湿方式が増えてくるからだ。

弱冷房除湿はその名の通り弱い冷房なので、除湿の効果が高まるわけではないが電気代はあまり掛からない。だが再熱除湿はその逆で、通常の冷房より光熱費が掛かる。

冷房時、エアコンは温度と湿度を同時に下げる。夏の室内を快適にするためには温度よりも湿度を下げるほうが効果的だが、エアコンは温度を下げる方が得意だ。

エアコンから吹き出す空気を快適な湿度まで下げると、温度が必要以上に低くなってしまう。そこで、十分に空気の湿度を下げてから適切な温度に暖めて送風することで湿度だけを下げる方法が採られる。これを再熱除湿と呼ぶ（**図**）。空気を暖める分だけ通常の冷房より電気を消費するため、真夏など冷気を不快に感じない季節は冷房運転のほうが省エネになる。

　梅雨の時期も除湿が必要になる。雨が多いのに加え、洗濯物を室内に干す人が多いので室内は多湿になる。多くの家庭では除湿機を購入して対応しようとするが、除湿機は省エネルギー的な家電とはいいがたい（**表**）。

　表中の除湿の効率を表す「除湿量/消費電力」を見てほしい。コンプレッサー式は健闘しているものの、エアコンよりかなり劣る。温度を下げずに湿度を下げるには再熱除湿を利用すべきだ。「エアコンは高くつく」というイメージだけで判断すると、除湿機を買う費用と、光熱費の両方で損をする。

[図] エアコンの再熱除湿のしくみ

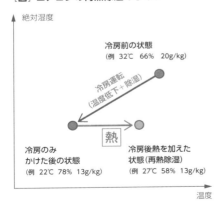

[表] 除湿機とエアコンの能力比較

	家電メーカーの除湿機			エアコン
	コンプレッサー式	ゼオライト式	ハイブリット式	
除湿量 g/h	416g/h	145g/h	383g/h	1296g/h
消費電力 W	290W	285W	535W	750W
除湿量／消費電力	1.43倍	0.51倍	0.71倍	1.72倍

73

気化式の大型加湿器は
すべての要求を満たす

Point
1

**加湿器の省エネ評価は
気化式＜超音波式＜ハイブリッド式＜スチーム式**

〈〈←

Point
2

**気化式の消費電力当たりの加湿量は
超音波式の約5倍、スチーム式の約100倍**

〉〉〉

Point
3

**気化する際の熱量を補う暖房に、
加湿の10倍の電気代が掛かる**

〈〈←

冬の乾燥を補い、健康で快適な湿度を保つには加湿器が不可欠だ。加湿器には複数の方式がある。加湿量当たりの消費電力が少ない方から、気化式＜超音波式＜ハイブリッド式＜スチーム式となる。最も重要な消費電力当たりの加湿量は、気化式は超音波式の約5倍、スチーム式の倍近い。超音波式は消費電力が少ないが、清掃が不十分だと雑菌をばらまく。このように価格以外では気化式が優れる（**表1**）。

筆者の床面積23坪の事務所では気化式の大型加湿器（パナソニックFEKXF15）を使用している（**表2**）。この加湿器を24時間連続運転した場合の電気代を見ていく。

この加湿器は12Wの弱運転で600g/hの加湿を行う。30円/kWhと

すると1日の電気代は30×12/1000×24＝8.6円/日、1カ月わずか258円だ。ただし、水を気化させた分、暖房負荷が増える。水の蒸発には1g当たり539calが必要になる。室温を保つのに必要な熱量は、539cal/g×600g＝323Kcal/h＝1357KJ/h＝377Wとなる。

この熱量をエアコンで供給するには、実効COP3で126Wが必要だ。電気代は1日当たり30円×126/1000×24h＝91円、1カ月で約2700円だ。加湿自体の電気代は安価だが、気化する際の熱量を補うのに加湿の10倍の電気代が掛かる。ちなみにハイブリッド式とスチーム式は気化熱をほぼ奪われないが、加湿効率が気化式の10倍以上悪い。

この機器の1日の加湿量は600g×24h＝14.4ℓ。筆者の事務所は、24時間稼働しているわけではないが、1日で9ℓ分のタンクが空になる。一般的な家庭では1日に約10ℓの水蒸気が発生するので、それを加味すると9ℓタンクに1日1回給水すれば間に合う。光熱費と加湿量、給水回数、衛生面のすべて満たすのは気化式の大型加湿器だ。

［表1］加湿器の分類と代表的な機種のスペック

方式	メーカー	品番	価格（円）	売筋ランキング	タンク容量（ℓ）	最大加湿量（mℓ/h）	消費電力（W）	消費電力当りの加湿量（mℓ/W）
気化式	パナソニック	FE-KXL07	22,799	1位	4.2	800	18	44.4
超音波式	アピックス	AHD-015-WH	3,918	2位	3.3	300	32	9.3
ハイブリッド式	ダイニチ	HD-5015	13,000	8位	4	500	163	3
スチーム式	象印	EE-RK50	11,569	3位	3	480	985	0.5

［表2］大型の気化式加湿器のスペック

方式	メーカー	品番	価格（円）	売筋ランキング	タンク容量（ℓ）	最大加湿量（mℓ/h）	消費電力（W）	消費電力当りの加湿量（mℓ/W）
気化式（強）	パナソニック	FE-KXF15	36,978	9位	9	1500	47	31.9
同上（中）	同上	同上	同上	同上	同上	1000	18	55.5

冷暖房に関する住宅会社の技術水準

　桧家住宅やヤマト住建などが全館冷暖房を標準採用して伸びている。10年後、全館冷暖房は新築の標準的な設備になるだろう。ただし、現状では住宅会社の技術水準はそれほど高くない(**表**)。

　おそらく**表**のレベル1・2の住宅会社が業界の90%以上を占める。レベル3は業界的には先進的な住宅会社といえる。レベル4の計算ができる実務者は現時点で日本に10人程度だろう。こうした人材を有する住宅会社は梅雨時期の全館除湿、冬期の全館加湿もほぼ完璧に実現できる。

　冒頭で紹介した住宅会社のシステムは、第1種換気込みの建て主向けの価格で130万円以上とみられる。この種のシステムは一定レベル以上の建物性能がないと「効かない」というクレームになりやすい。物件によって最低気温や日射量、形状、面積、日射量は異なるため、それらに合わせて冷暖房器具やダクト、ファンなどを最適化する能力が必要になってくる。

　全館冷暖房を採用すると建物ごとの性能差が如実に現れる。実際、全館暖房が当たり前の北海道では、普通の主婦でもひと冬の灯油の使用量を知っている。全館冷暖房の普及により、日本全国で冷暖房費が明確化され、比較されるようになる。実務者はそれを踏まえた技術力を身に付けておく必要がある。

[表] 工務店による冷暖房選びのレベル評価

	冷暖房選びの評価基準	計算
レベル1	家電量販店任せ	知識なし
レベル2	リビングと寝室のみ局所設置	知識なし
レベル3	全館空調みすえ少数・大容量	断熱気密のみ
レベル4	計算により最適容量を選定	断熱気密・冷暖房負荷・調湿

第 章

建物配置や形を
どう整えると日射が増すか

建物の配置や建物の形状で、日射取得量は変わります。
日射を最大限に取り入れ、光熱費を抑えながら
快適な環境を得るための計画手法を解説します。

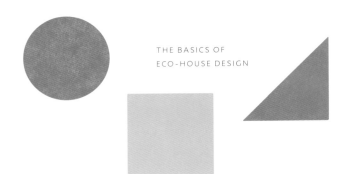

THE BASICS OF
ECO-HOUSE DESIGN

方位別の日射の当たり方で
ガラスを使い分ける

Point 1
夏の日射量は12時の南壁面より
8時の東壁面や15時の西壁面のほうが若干多い

<<←

Point 2
夏の東西面は日射量が多い。
窓面積を減らして遮熱型Low-Eペアかトリプルに

>>→

Point 3
北面は夏は直射日射を受け、冬は受けない。
遮熱型Low-Eペアかトリプルに

<<←

省エネルギー住宅においては、冬は日射を取得し、夏は日射を遮る「太陽に素直な設計」が重要だ。この考え方は、業界では「パッシブデザイン」とも呼ばれる。太陽熱の影響力は大きく、それを無視すると夏暑く、冬寒く、光熱費も高くつく家になってしまう。

　太陽に素直な設計をする上で大事なのが方位の影響だ。図は東京における8月の全天日射量の平均値を方位別に記している。

　図では南面の日射量を◆で記している。12時（正午）に南壁面が受ける日射量より8時の東壁面や15時の西壁面が受ける日射量のほうが若干多いことが分かる。

　夏であっても朝日と夕日は太陽高度が低いため、垂直な壁面が受け

る日射量は多くなるためだ。逆に8月の12時の太陽高度は約70度であり、屋根などの水平面への日射量は多いが、南壁面への日射量は少なくなる。

　このように夏の東西面は日射を受けやすいので、窓面積自体を小さくした上で遮熱型Low-Eペアガラスかトリプルガラスを採用して、窓面の反射率を高めることが重要だ。このことは東面・西面の壁の断熱性能の重要性にもつながる。日射量が大きいだけに断熱性能が低ければ壁を通り抜ける熱量が多くなるからだ。

　北面も遮熱型Low-Eペアガラスかトリプルガラスが有効だ。夏の朝日は東北東から昇り、夕日は西北西へと沈むため、日射の影響を受ける。一方、冬場は東南東から昇って西南西に沈むため、直射日光が北面に当たることはない。そのため日射取得を意識する必要はない。

[図] 東京の8月の方位による全天日射量の月間平均値

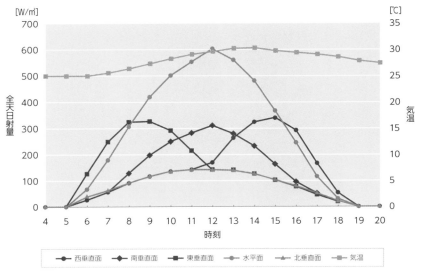

出典：「自立循環型住宅への設計ガイドライン」（財建築環境・省エネルギー機構）

夏には南面の窓と天井から
大量の熱が侵入する

Point
①
南窓に庇がない場合、16520の掃出し窓から
電気ストーブ同等の594Wの熱が侵入する
<<<←

Point
②
2階には掃出し窓を2カ所設けると
1188Wもの熱が侵入する
>>>>

Point
③
2階には天井からも熱が侵入し、
1階の3倍に当たる1852Wもの熱量が侵入する
<<<←

夏に快適な環境を保つには日射を遮ることが重要だ。では夏に南面の窓からはどの程度の日射が入ってくるのか。1つの例として、1間幅で高さ2mの引き違い掃出し窓を例に日射量を計算する。

窓面積は1.65m×2m＝3.3㎡となり、METHOD74の**図**から、12時の日射量は300W/㎡となる。南面は断熱型Low-Eペアガラスの窓とし、日射取得率は60％とする。この場合、窓から入る熱量は300W/㎡×3.3㎡×60％＝594W、となる。東京の夏の昼間、南窓に庇がない場合、室温が高いうえに掃出し窓から電気ストーブと同等の熱が侵入してくる。

昨今の新築住宅は2階に掃出し窓を2カ所設けることが多いので、

594W×2カ所＝1188Wもの熱が侵入する。

　加えて2階は天井（屋根）からも大量の熱が侵入する。平均的な大きさの8P×8P（7.28m×7.28m）の侵入熱量を計算する（**図1**）。エアコン設定温度を27℃、天井面もしくは屋根表面を60℃、断熱材を高性能グラスウール16Kとすると100㎜厚なら0.38W/㎡K×53㎡×33℃＝665W、200㎜厚だと0.19W/㎡K×53㎡×33℃＝332Wが侵入する。

　実際には天井断熱は高性能グラスウール16K100㎜厚程度であることが多い。それを踏まえると、2階には1188W＋665W＝1853Wもの熱量が侵入する。

　この環境で冷房は必須だ。**図2**の赤線と青線は部位から脳への温冷感の伝達を表す。こうした状況だと脳は「暑い」「寒い」という2つの信号を受け取るため体調を崩しやすい。日射遮蔽を徹底して、**図2**からストーブをなくしてエアコンを人体から離し、冷房を弱めに連続運転すると体調不良に陥ることを防ぐことができる。

[図1] シミュレーションに用いた
小屋裏温度と冷房の温度設定

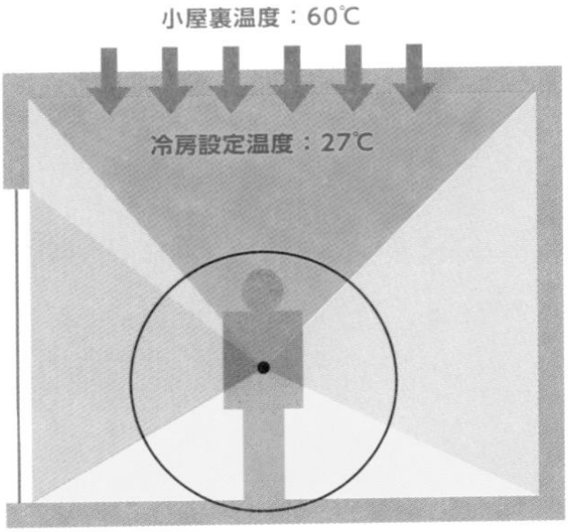

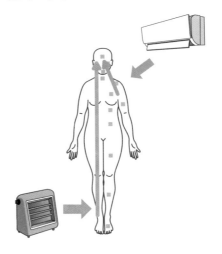

小屋裏温度：60℃

冷房設定温度：27℃

8P×8P（7.28m×7.28m）の建物で、エアコン設定温度を27℃、小屋裏の温度を60℃と設定

[図2] 一般的な住宅の冷房時の状態

南面の窓から得られる日射量は
夏より冬のほうが多い

太陽高度が低く、南の鉛直面の日射量が増えるので
冬の日射取得量は真夏より多い

<<←

夏は2140W/日の日射取得量なのに対し、
冬は6500W/日も日射取得がある

>>>

南面に3.3㎡の窓が6カ所あると、
COP3のエアコンで11700円の電気代が節約できる

<<←

こまで夏の日射の影響について解説してきたが、太陽に素直な設計を行うには、冬の日射量についても知る必要がある。

図は「建もの燃費ナビ」で計算した月ごとのその地域の壁面日射量の累計値だ。

まず1月の南面における日射量の合計を見てみる。日射量は**図**から約100kWh/㎡・月と読み取れる。1カ月を30日とすると100kWh/㎡・月÷30日＝3.3kWh/㎡・日となる。

1月の日照時間は約10時間なので、1時間当たりの日射量は3.3kWh/㎡÷10h＝330W/㎡となる。夏と同様に3.3㎡の窓からの日射取得量を計算すると、330W/㎡×3.3㎡×60%≒650Wとなる。

真夏より日射取得量が多いのは、太陽高度が低いために南の鉛直面の日射量が増えるためだ。夏の計算は1日の最高である12時だけを取り出しているが、冬の計算は10時間の平均値だ。

　1日の累計でみると、夏は約2140Wの日射取得量なのに対し、冬は6500Wも日射取得がある。これは1カ月の平均値でストーブ0.75台分の熱量に相当する。晴れていればこの窓は1日10時間650Wの電気ストーブがついているのと同じ役目を果たす。1kWhの電気代を30円とすれば1時間当たり19.5円、1日で見た場合は19.5×10＝195円の電気代に相当する。

　このような窓が南に6カ所あると、650W×6カ所＝3900Wの熱量が取れる。これは電気ストーブ4.8台分だ。1日の電気換算の光熱費で言うと195円×6カ所＝1170円、1カ月で1170円×30日は3万5100円、COP3のエアコンだと1万1700円の節約になる。

[図]「建もの燃費ナビ」による月ごとの壁面日射量の累計値。(岡山県岡山市の日射量と外気温データ)

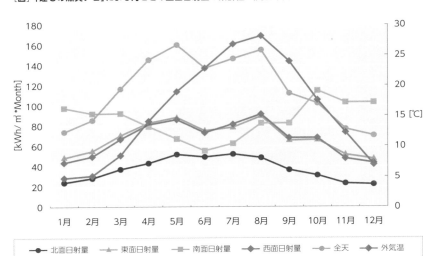

南面の開口部を最大化し
シェードで日射遮蔽

Point
1
南側の隣家との距離が確保できている場合、
南面の窓はできるだけ大きくする

‹‹←

Point
2
東と西、北面は窓を小さくした上で
遮熱型Low-Eペアガラスなどを採用する

›››

Point
3
日射遮蔽と日射取得の調整は
シェードで行うと効率よく日射を利用できる

‹‹←

　こまで夏と冬の日射の影響と日射取得の効果について解説してきた。日射取得と日射遮蔽を両立させる窓の配置の原則を最後に整理する。

　南側の隣家との離隔距離が確保できている場合、南面の窓はできる限り大きくする。南面の窓は庇を設けるのが基本だ。夏と冬のバランスを考えた場合、庇の出幅はサッシ下端から庇までの高さの0.3倍が最適となる。

　反対に夏の東西面は日射を受けやすいので、窓を小さくした上で遮熱型Low-Eペアガラス（できればトリプルガラス）を採用する。北面も日射取得が期待できないので、通風に必要な最小限の大きさとし、

Low-Eペアガラス（できればトリプルガラス）を採用する。もちろん狭小地でその方角からしか採光が取れない場合は別だ。西北面の窓は通風上、部屋のなかで対角になるように配置する。通風面積や気密性、デザイン面で縦すべり出し窓を推奨する。

　庇は日射遮蔽の基本だが、完璧ではない。建物の配置角度が真南からずれるほど庇の効果が薄くなる。方位を20度以上振ると庇による日射遮蔽は難しい。また、建物が真南に配置されていても、9月になると日射が入ってきてしまう。3月には日射がほしいのに遮ってしまう（図）。

　それらをあわせて考えると、庇よりシェードを主体にした設計の方が効率よく日射を利用できる。同じく東西面の窓を大きくする場合もシェードは必須だ。シェードは色によって日射遮蔽率が異なるので日射遮蔽率80％以上の色を採用したい。

[図] 庇だけでは日射のコントロールが難しい

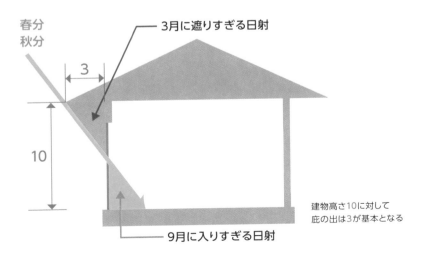

春分
秋分

3月に遮りすぎる日射

3

10

建物高さ10に対して
庇の出は3が基本となる

9月に入りすぎる日射

日射の多い・少ないは
断熱性能より室温に影響する

冬の日射を最大化するために
南側の隣地に建つ建物との離隔距離を大きく確保する

‹‹←

廊下などの非居室を減らし、
メリハリのあるプランとして延床面積を最小化する

››»

延床面積を小さくして冷暖房負荷を減らし、
その分のコストを高断熱化にまわす

‹‹←

　太陽に素直な設計＝パッシブデザインとは、夏の日射を遮り、冬の日射は取り入れていかす手法だ。これを実現するために以下のような原則がある。

　まず窓の性能は最低U値2.33以下とし、南の窓はなるべく大きく設ける。その上で建物高さ1に対し奥行き0.3程度の庇を設けて夏の日射を防ぐ。なお冬の日射取得を重視し、遮熱型Low-Eは使わない。

　窓は方位によって扱いを変える。東西北面の窓は極力小さめにする。その上で遮熱型Low-Eペアガラスかトリプルガラスを採用する。気密性の観点から「開き戸」のほうが「引き戸」より望ましい。

　天井（屋根）や壁、床（基礎）の断熱性能については、最低でも次世代

省エネルギー基準における地域区分の単体規定以上とする。次に住宅の配置の原則を押さえる。まず冬の日射を最大化することを考える。そのために南側の隣地に建つ建物との離隔距離をできるだけ大きく確保する。日射の有無は断熱性能よりも影響が大きい（**図**）。

　プランに際しては、1階と2階の乗りがよく、シンプルな平面形状を心がける。廊下などの非居室はできるだけ減らし、スペースごとに広さのメリハリを付けたプランとする。これにより、建て主の要望を満たしつつ延床面積を最小化する。

　延床面積が小さくなることで冷暖房負荷が減り、一次エネルギー消費量が削減でき、建築コストやランニングコストも下がる。その分のコストを高断熱化や省エネルギー機器にまわすことができる。高断熱化による光熱費抑制効果の例を次頁の**表**に示す。

　これらは一般論であり、実際の計画で完璧にこの原則に従うのは難しいケースもあるが、基本の考え方として参考にしてほしい。

[図]「建物性能×日射条件」による無暖房時の室温

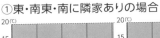
①東・南東・南に隣家ありの場合

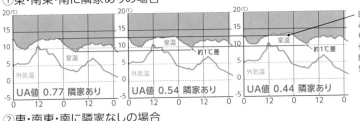

日射取得が少ないと断熱性能が高くても最高室温は上がらない。最低室温は断熱性能により差が生じる

②東・南東・南に隣家なしの場合

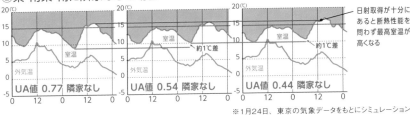

日射取得が十分にあると断熱性能を問わず最高室温が高くなる

※1月24日、東京の気象データをもとにシミュレーション

[表]［断熱性能×エアコン台数］別の光熱費

①UA値 0.77　5台エアコン

設計プラン ＼ 月	1月	2月	3月	4月	5月	6月	7月	8月	9月	10月	11月	12月	合計
年間暖房費	20,070	17,726	15,318	8,665	32	0	0	0	0	1,128	8,648	16,318	87,905
年間冷房費	0	0	0	0	534	3,992	8,728	10,962	6,473	359	0	0	31,048
年間冷暖房費	20,070	17,726	15,318	8,665	566	3,992	8,728	10,962	6,473	1,487	8,648	16,318	118,953

②UA値 0.54　5台エアコン　　①の年間冷暖房費 −8,578円

設計プラン ＼ 月	1月	2月	3月	4月	5月	6月	7月	8月	9月	10月	11月	12月	合計
年間暖房費	18,348	16,381	14,132	7,537	0	0	0	0	0	701	7,444	15,082	79,625
年間冷房費	0	0	0	0	549	4,133	8,718	10,546	6,437	367	0	0	30,750
年間冷暖房費	18,348	16,381	14,132	7,537	549	4,133	8,718	10,546	6,437	1,068	7,444	15,082	110,375

③UA値 0.44　5台エアコン　　②の年間冷暖房費 −8,087円

設計プラン ＼ 月	1月	2月	3月	4月	5月	6月	7月	8月	9月	10月	11月	12月	合計
年間暖房費	16,884	15,155	12,716	5,923	0	0	0	0	0	244	5,567	15,513	70,002
年間冷房費	0	0	0	0	729	4,657	9,103	10,588	6,765	444	0	0	32,286
年間冷暖房費	16,884	15,155	12,716	5,923	729	4,657	9,103	10,588	6,765	688	5,567	13,513	102,288

④UA値 0.77　2台エアコン

設計プラン / 月	1月	2月	3月	4月	5月	6月	7月	8月	9月	10月	11月	12月	合計
年間暖房費	14,879	12,578	9,117	3,218	15	0	0	0	0	306	3,670	10,141	53,924
年間冷房費	0	0	0	0	182	1,858	5,185	7,437	3,728	147	0	0	18,537
年間冷暖房費	14,879	12,578	9,117	3,218	197	1,858	5,185	7,437	3,728	453	3,670	10,141	72,461

⑤UA値 0.54　2台エアコン　　④の年間冷暖房費 −15,427円

設計プラン / 月	1月	2月	3月	4月	5月	6月	7月	8月	9月	10月	11月	12月	合計
年間暖房費	10,825	9,171	6,716	2,387	6	0	0	0	0	199	2,639	7,388	39,331
年間冷房費	0	0	0	0	153	1,748	4,985	7,188	3,498	131	0	0	17,703
年間冷暖房費	10,825	9,171	6,716	2,387	159	1,748	4,985	7,188	3,498	330	2,639	7,388	57,034

⑥UA値 0.44　2台エアコン　　⑤の年間冷暖房費 −7,893円

設計プラン / 月	1月	2月	3月	4月	5月	6月	7月	8月	9月	10月	11月	12月	合計
年間暖房費	8,788	7,448	5,390	1,844	0	0	0	0	0	113	1,896	5,863	31,342
年間冷房費	0	0	0	0	208	1,891	5,005	6,958	3,573	164	0	0	17,799
年間冷暖房費	8,788	7,448	5,390	1,844	208	1,891	5,005	6,958	3,573	277	1,896	5,863	49,141

日射を最大化するための
建物計画のセオリー

Point
① 周囲の隣家の配置を図面に描き込み、
等時間日影図を作成して隣家の影響を検証する

Point
② 滞在時間が長い居室を南側に配置し、
なかでも最も日当たりがよい位置にリビングを置く

Point
③ 平面は東西を長めにとった長方形に整理し、
南面に窓を大きく取れるようにする

METHOD78で述べた、太陽に素直な設計＝パッシブデザインの手法を、具体的に説明していく。日射取得を最大化するためには、全体計画の際に下記に留意する必要がある。

まずは図面に描き込む情報だ。配置図か1階平面図に1度単位の正確な方位を記入し、敷地の境界線を書く。そして東と西、南の隣家の配置を図面に落とす。2階形状も分かるように描くのがポイントだ（**図1**）。日射取得に際して隣家の影響が大きい場合、隣家が落とす等時間日影図も作成したい。

なお、南側隣家の築年数が古く、平屋である場合、将来的に現状より高い建物に建て替わることも考慮しておく。また南側の隣家が更地

の場合、建築基準法上、最も高い建物が建つことを想定しておく。

　次に住宅の配置の考え方だ。最初に車の配置と1階外周形状、軸線方位、配置位置を確定する。カーポートの設置に際しては1階南窓とカーポート屋根が掛からない配置にする。住宅のプランは、最初に1階を考え、次に2階を考える。2階プランは1階の構造に合わせて検討すると無理がない。

　1・2階ともに滞在時間が長い居室を南側に配置する。なかでも最も日当たりがよい位置にリビングを配置し、1階リビング南面の窓の前に奥行きの広い庭を取る。

　住宅の平面は東西を長めにとった長方形に整理する。最も熱損失が少ない正方形で南面の窓が少ない建物より、東西に長い長方形で南面の窓が大きい方が暖房負荷は下がる。ただし、極端に東西に長くすると逆効果だ（**図2**）。

　ボリューム的には総2階（3階）に近い形状にまとめる。特に南面は凹凸を減らす。南面に凹凸があると日影になりやすく、影になる時間の南面の窓からの日射量が大幅に減る（**図3**）。大半のシミュレーションソフトではこの日影の影響を計算できないので要注意だ。

　なお、玄関は道路側でなくてもよい。敷地の南側が道路と接する間口が狭い南側道路の住宅の場合、正面に玄関を配置すると日射取得を損なう（**図4**）。

最も日当たりのよい位置に
大きな開口部を備えたリビングを配置した例

[図1] 最初に隣家の配置も図面に落としておく

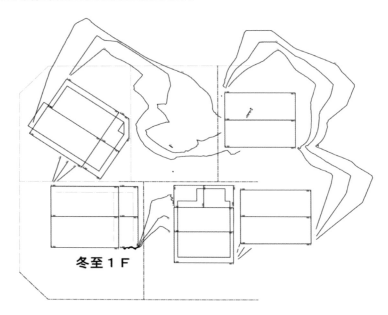

冬至1F

[図2] 平面形状と日射取得、熱損失の関係

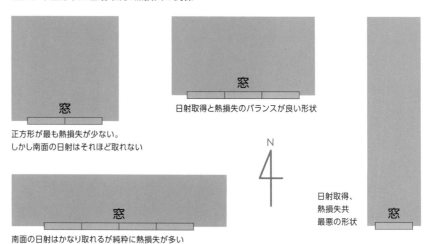

窓

正方形が最も熱損失が少ない。
しかし南面の日射はそれほど取れない

窓

日射取得と熱損失のバランスが良い形状

N

窓

南面の日射はかなり取れるが純粋に熱損失が多い

窓

日射取得、
熱損失共
最悪の形状

[図3] 影に配慮した平面形状

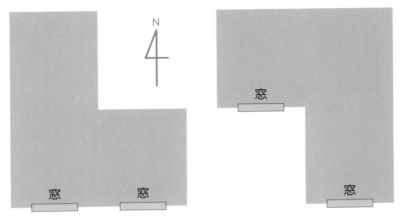

南面に影ができない

自分の建物が南面に影を落とす

[図4] 玄関への動線。間口が狭い住宅では玄関の位置に工夫を

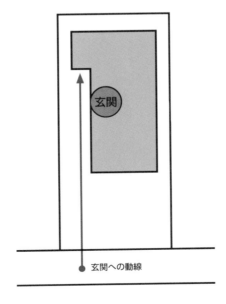

玄関への動線

建物形状や配置で
日射取得が変わる

Point
1
南面に凹凸のあるプランの場合、
建物の一部が影になって実質的な日射量が減りやすい

<<<←

Point
2
北面に凹凸のあるプランの場合、
住宅内に温度差が生じやすくなる

>>>

Point
3
どう考えても十分な日射が得にくい場合、
通常よりも断熱性能を高める

<<<

　METHOD79で触れたように、日射取得は建物形状や配置、周囲の状況により異なる。ほとんどの実務者がQ値やU値、C値といった熱損失ばかりに注目しているが、日射取得が伴ってはじめて理想的な暖かさが得られる。

　よく見かけるのが、南北に細長い敷地で南面に大きな開口が取れない、隣地の影響で日影が生じて日射取得が見込めないといったケースだ。

　日影の影響は**図**を例に考えると分かりやすい。**図**の下方が南で赤が窓だとした場合、左右どちらのプランが年間の暖房費が少なくて済むだろうか？　住宅内の温度差が少ないのはどちらのプランだろうか？

最初の問い（Q1）は前項で同じ例を出しているので分かるだろう。答えは左側だ。右側の建物は午前中、建物の一部が影になって実質的な日射量が減る。2つ目の問い（Q2）の答えは右側だ。エリアを6分割して番号を振ると分かりやすい。外壁が一辺あるごとに熱損失を−1、南側日射取得があるごとに日射取得を＋1と仮定し、それぞれのエリアの熱収支を計算してみる。結果は4エリアと6エリアの差が一番大きくなる。北面に凹凸を付けるとこのような影響が生じる。

　まずはこうした日射取得や熱損失に関する基本を踏まえて、素直なかたちの建物を設計する。その次に断熱性能や気密性能を適切に確保する。十分な日射取得ができない場合、普段以上に断熱性能を高めるようにする。最後に設備を検討する。これが効率よく無駄がない上手な設計の順序になる。

[図] 平面形状による室温の違い　注：赤い部分が窓

Q1 下が南、赤が窓だとした場合、左右どちらのプランの方が年間の暖房費が少なくて済むか？

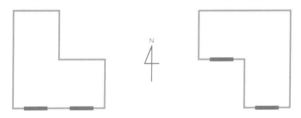

Q2 住宅内の温度差が少ないのはどちらのプランか？

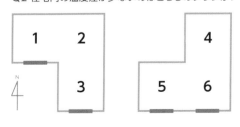

1　−3 + 1 = −2
2　−2 + 0 = −2
3　−3 + 1 = −2　最大の差は0

4　−3 + 0 = −3
5　−3 + 1 = −2
6　−2 + 1 = −1　最大の差は2

滞在時間が長い部屋の日射を重視して暖房負荷を減らす

Point
1

滞在時間が長い居室を南側に配置して
暖房負荷を減らし、暖房エネルギーを削減する

<<←

Point
2

滞在時間が長いのはLDと子供部屋。
主寝室と水回りは優先順位が下がる

>>>

Point
3

平面は東西に長い長方形とし、LDと
子供室を南側に配置する

<<←

　日射を有効に活用するには、部屋の配置も重要だ。

　日射をより効率よく使うためには、滞在時間が長い居室をできるだけ南側に配置し、難しい場合は東西のどちらかに配置して快適な時間を長く保てるようにする。日射取得により、滞在時間が長い部屋の暖房負荷を減らせれば、実際に使う暖房エネルギーを削減できる。

　一般に滞在時間が長い部屋は、家族の共用スペースであるLDと子供部屋となる。子供部屋も小学校の高学年以降は滞在時間が長くなるので、優先順位は高い。これらより優先順位がワンランク下がるのが主寝室で、さらに下がるのが水回りだ。

　主寝室がワンランク下がるのは、30代前半で家を建てた場合、親

は子供が大きくなるまでの約20年間、就寝時以外は主寝室に滞在しないためだ。主寝室は子供が巣立った後に必要に応じて日射の条件のよい和室、子供部屋などに移動すればよい（**図**）。

このように部屋の優先順位に従って設計すると、35坪程度の4人家族向けの住宅の場合、1階の床面積が約20坪、2階の床面積が約15坪という配分になりやすい。

Q値だけを考えれば、最も理想的なのは正方形の総2階だが、主要な部屋の暖房負荷を最小化する場合、**図**のように若干東西に長い長方形とし、LDと和室、子供室を南側に配置するのが基本となる。滞在時間が長い部屋の日射量が多くなるので、暖房費を減らせる。

［図］H邸配置図

敷地、隣家、車庫から 1階配置のパターンを読み解く

Point
①
プランニングは日射取得を踏まえて
1階の配置計画をまとめることから始める

Point
②
玄関回りは風除室的に扱い、リビングや階段室と
つながらないように建具で分離する

Point
③
1階LDの日照確保が難しい場合、
吹き抜けか2階リビングとし、前者なら高断熱化する

METHOD81で述べたように、太陽に素直な設計を心掛けたとき
に最も暖房負荷が小さくなるのは「若干東西に長い長方形」と
なる。まずはこの形をベースにプランを考える。

　最初に注意すべきは玄関回りを風除室的プランとすること。玄関は
家族が頻繁に出入りする場所であり、そのたびに外気が流入する。玄
関・玄関ホールがリビングや階段室とつながらないように建具で分離
するとよい。間違っても吹き抜けにしないことだ。同様に廊下に階段
を設置する場合も玄関と縁を切るようにする。

　とはいえ、建て主の要望や接道方向、土地の広さ・方位、隣家の状
況、斜線制限等の法規制など、実際には多くの制約がある。不確定要

素が多いなかで汎用性が高いのが**図1・2**のプランだ。

　図1・2には、1階配置を無理なくまとめるためのポイントが含まれている。以下に要点を列記する。

・駐車場は2台分ほしいという要望が多い。並列駐車でなくてもよいので柔軟に考える

・南、東、西の隣家がある場合、建物による冬の日影を徹底的に検証する。また南側隣地の現況が更地の場合、将来建物が建っても日照を確保できるプランを心掛ける

・1階LDにおいて日照確保が難しい場合、吹き抜けを設けるか、もしくは2階リビングを検討する。吹き抜けを設ける場合は断熱性能を高めた上で暖房計画と一体で考える

　上記を踏まえ、1階の配置計画からまとめていく。実際にはトレードオフの事象なども絡み合うが、基本を押さえて計画する。

駐車場を縦列駐車とすることで南面の日射取得を確保した事例

[図1] （N邸）近隣を含む配置図。計画建物は図面右上

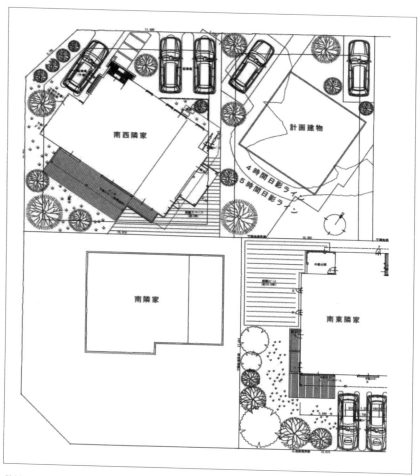

敷地の真南の方位がかなり振っている場合で、建物を真南に向けて斜めに配置する場合

[図2] (Ta邸)配置図

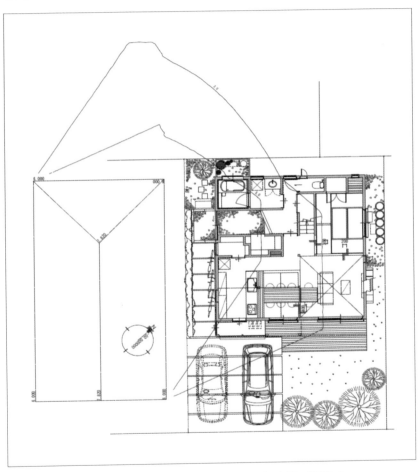

図の左側にある隣家の影の影響を避けるためにリビングを南側に配置した

等時間日影図を作成して
日射取得を最大化する

Point
1

日射取得には隣家の配置が影響するが、
その影響を具体的に捉えるのは難しい

‹‹←

Point
2

「等時間日影図」を作成し、
1日を通しての隣家の日当たりへの影響を検討する

›››

Point
3

等時間日影図で日当たりを確認し、
建物配置と部屋の配置を決めると間違えない

‹‹←

　　　射取得には隣家の配置が大きく影響する。だがその影響を具体的に捉えるのは意外と難しい。たとえば図1①と②ではどちらのほうが日当たりがよくなるだろうか。この答えを出すのには日影図が必要になる。

　日影図には2通りある。通常思い浮かべるのは図2だ。これはある住宅の南西側2軒と北東側1軒の隣家の1時間ごとの冬至の日影図だ。この図を見れば各時間における日影の状態が分かる。ただし、1日を通しての日当たりは分からない。それを検討するのに必要なのが図3の日影図だ。

　これは「等時間日影図」と呼ばれるもので、それぞれの線が外側か

ら「1日2時間影になる範囲」「1日3時間影になる範囲」となっている。要は内側の線に近づくほど影になる時間が長いエリアということが分かる。日当たりのよい場所を知るには、この等時間日影図の作成が不可欠だ。

　では等時間日影図はどう読めばよいのか。**図1**①・②の等時間日影図をつくってみた（**図3**）。結果は一目瞭然で、敷地の東側に建物を寄せて配置したほうが日当たりはよくなる。この場合、建物を東に配置し、最も滞在時間が長いリビングを南東の角に配置することから計画を始めるとよいだろう。

　日当たりの判断は等時間日影図をつくれば簡単にできるが、**図1**の場合、多くの設計者は南側の隣家より東側の隣家が接近してかつ南北に細長いということに意識が奪われがちだ。結果として、間違った判断をしやすい。

[図1] 配置の違いによる日当たりの検証モデル

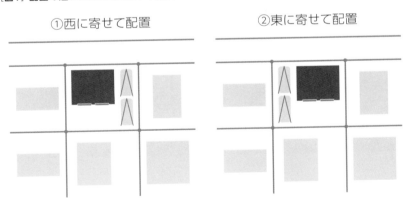

①西に寄せて配置　　　　　　　②東に寄せて配置

同じ敷地内で建物を西側に寄せて配置した場合と東側に寄せて配置した場合、日当たりはどのように変化するか。等時間日影図を作成して検討することで、正しい答えを出すことができる（検証は図3）

［図2］冬至の日影図の例

[図3] 等時間日影図による日当たりの検証

① 敷地の西側に建物を配置（図1①）

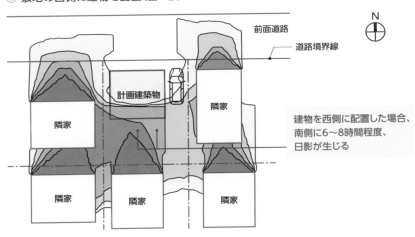

前面道路

道路境界線

建物を西側に配置した場合、
南側に6〜8時間程度、
日影が生じる

② 敷地の東側に建物を配置（図1②）

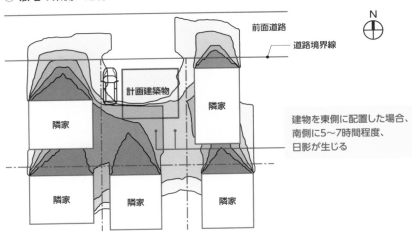

前面道路

道路境界線

建物を東側に配置した場合、
南側に5〜7時間程度、
日影が生じる

□：4〜5時間程度日影になる　　■：6〜7時間程度日影になる
■：5〜6時間程度日影になる　　■：7〜8時間程度日影になる

METHOD
84
隣家の影を考慮しつつ
建物と車配置を考える

Point
1
**ソフトの力を借りて日影図を作成すると
立体的でグラフィカルな検討できる**

〈〈←

Point
2
**計画時に際しては、まず車の配置方法を
10パターン程度考えてみる**

⟩⟩⟩

Point
3
**検討過程の資料を建て主に見せて説明することで、
プラン変更の回数が激減する**

〈〈←

日影図の作成にソフトの力を借りるのもよい。木造住宅向けの計算ソフト「ホームズ君」を使えば立体的でグラフィカルな検討できる（**図**）。視覚的に分かりやすく結果が表示されるので、「南面は1階のほうが日当たりは悪い」「1階中央部は日当たりが特に悪い」ということがすぐ読み取れる。そのため、日当たりの悪い中央部にリビングを配置するなどのミスが避けられる。

　図を例に設計の進め方を解説する。まずは建物をできるだけ北西に配置する。そのことで南側隣家と重ならない日当たりのよい場所をたくさん確保できる。その上でリビングは南西の角に配置し、面積は最小限にする。

226

日当たり重視であれば車庫は北東に配置し、縦列駐車にする。これにより建物を北側ギリギリに寄せた上で東西幅を目一杯広く取れ、南側の離隔距離を最大化できる。車の使い勝手重視であれば2台並列で配置し、残りの幅を目一杯東西に使うことになる。

　このように、住宅の計画に際しては、隣家の及ぼす影を考えながら建物配置と車配置を考えたい。まずは車の配置方法を10パターン程度考えてみるところからスタートするとよい。従来のやり方を離れて柔らかく頭を使うことができる。

　このような検討の過程は、プレゼン資料として建て主にも見せたい。配置や建物形状の根拠になるからだ。検討過程の資料をきちんと見せて説明することで、プラン変更の回数が激減する。

［図］「ホームズ君」による日当たりの検討

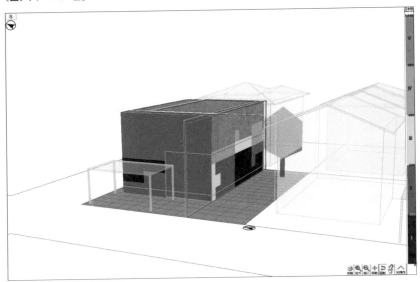

シミュレーションソフト「ホームズ君」を利用すると、建物のどの部分にどの程度の日射が得られるのかということが色分けされてグラフィカルに表示されるので、傾向がひと目で掴める

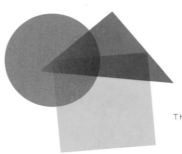

THE BASICS OF ECO-HOUSE DESIGN

おわりに

　この本は、住宅にきちんとした性能を担保するための考え方と手法をまとめています。住宅業界の人たちには、日ごろの設計や施工などに本書の内容を生かしてほしいと思います。また建て主の方には、きちんとした性能を担保できる住宅会社を見定める知識を得るために役立てていただければと思います。

　住宅業界と建て主の双方の方に本書を読んでいただくことで、日本の新築住宅が「30代半ばで建てても、メンテナンスがなされていれば死ぬまで暖かく、涼しく、経済的に健康的に暮らせる」水準に高まってほしいと願っています。

　この本のベースは、住宅業界向けの専門媒体である「新建ハウジングプラスワン」において、2012年9月から隔月で連載してきたものです。内容が古くなったところを書き換え、また編集の大菅さんから希望のあった項目に関してかなりの分量を加筆しました。連載を読まれていた方にとっても新鮮な内容になっていると思います。

◢ 全館冷暖房に取り組む際に役立つ内容

　私はこれまで、工務店をはじめとする多くの住宅会社を指導してきました。そこで分かったことは、大半の実務者が仕様を決定する際に、費用対効果などの客観的な指標を用いた比較をしていないということです。

その結果、多くの住宅会社では一般の建て主と同じように建材メーカーのカタログや営業マンの応対などで仕様を決定しています。これが日本の住宅を悪くしている大きな原因の1つなのです。しかし、性能とコストのバランスを比較するには、最低限の計算能力や工学、物理学の基礎知識が必要になってきます。さらに計算のもとになるデータも味気ない数値の羅列であり、読み解くのは大変です。そこで、一般的な実務者でも頑張ればなんとか読み解けるように、また興味をもちにくい分野でも面白いと感じていただけるように心がけました。

　連載を行った8年間、住宅業界では高断熱化が進み、住宅全体を暖かく、涼しくしようというアプローチが一般化しつつあります。その結果、現在では30を超える全館冷暖房のシステムが発表される事態に至っています。これらはさまざまな仕組みのものがあるので、基本的な知識をもたずにカタログを見ても良し悪しの判断ができません。本書ではそうした判断ができるように、冷暖房の計画手法について系統立てて説明しています。これは、ほかの本にはない特徴であり、これから全館冷暖房に

取り組もうと考えている実務者にとって、非常に役立つ内容になっていると自負しています。

　連載のときはその都度、その瞬間に自分が感じていたことを書き連ねていましたが、書籍化にあたり、関連分野ごとに内容をまとめ直し、系統立てて整理しました。その結果、一から勉強するためのテキストとしても使えるようになったと感じています。

　本書は新築住宅を対象に書いていますが、性能を担保した新築住宅がきちんとつくれるようになると、既存住宅の効率的な断熱リフォームの技術水準も自然と高まります。つまり、きちんとした性能を担保した新築住宅を建てられる住宅会社が増えると、長期的には日本のすべての住宅が住みよい住宅になるのです。本書がそのための最初の礎になれば幸甚です。

松尾和也

松尾設計室のスタッフ。右から4人目が筆者

著 者　**松尾和也**

一級建築士。1975年兵庫県出身。1998年九州大学工学部建築学科卒業(熱環境工学専攻)後、エス・バイ・エル入社。瀬戸本淳建築研究室、プレストを経て2003年松尾設計室入社。2006年松尾設計室代表取締役就任。「夏涼しく冬暖かい住宅を経済的に実現する」ことをモットーに住宅設計を多数手掛けるほか、エコハウスに関する執筆や講演、技術指導を積極的に行っている。省エネルギーで快適な住宅を実現する設計に対する評価は高く、2014年には「野口の家」で(財)建築・環境省エネルギー機構サステナブル(持続可能)建築・住宅賞を授賞している。著作に「ホントは安いエコハウス」(日経BP)、「これからのリノベーション断熱・気密編」(新建新聞社[共著])などがある。

編　集：大菅 力
デザイン：星 光信(Xing Design)

84の法則ですぐ分かる
エコハウス超入門

2020年 8月6日　初版第1刷発行
2021年 1月15日　第2刷発行

発 行 者　　三浦祐成
発　　　行　　株式会社 新建新聞社
　　　　　　　東京本社：東京都千代田区麹町2-3-3 FDC麹町ビル7階　Tel.03-3556-5525
　　　　　　　長野本社：長野県長野市南県町686-8　Tel.026-234-4124
印刷・製本　　図書印刷株式会社